ANHELO
CONOCERTE

LUIGI CASTRO

LUIGI CASTRO

ANHELO

CONOCERTE

"Un libro que ampliará tu experiencia
de adoración con Dios"

Editor General:
Luigi Castro Ministries
Directora de Edición:
Michele Charry.
Director de Comunicaciones:
Luigi Castro Ministries
Editor Asociado: Michele Charry.
Diseño Gráfico
Luigi Castro & Eduardo Peraza

Derechos Reservados © 2015 por Luigi Castro
Más información:
www.luigicastro.com
comunicaciones@luigicastro.com
USA (954)2172546

CATEGORÍA:
Adoración / Vida Cristiana
Impreso en los Estados Unidos de América

ISBN-13: 978-1517773328

ISBN-10: 1517773326

ANHELO CONOCERTE

AGRADECIMIENTOS

Deseo comenzar agradeciendo profundamente a mi Señor y Salvador Jesucristo, servirle es un honor. Así como ser usado y guiado por el glorioso Espíritu Santo, sin Su Presencia no podríamos hacer nada, toda la gloria para Dios.

A mi esposa Michele Castro Charry por estar a mi lado como mi confidente y mi amiga, por amarme y respetarme. Amo tu deliciosa comida (ella es chef), y también amo tu pasión por Dios. Gracias por apoyarme en todo tiempo y ser parte de este libro, ahora viene el tuyo.

También deseo agradecer a mi madre Leticia Madrigal y a mi padre Luis Guillermo Castro, así como a toda mi familia en Costa Rica, por ser un ejemplo a seguir. Hacer lo que hago viene de una familia que le ha servido al Señor y este legado me ha enseñado todo este tiempo, les amo y sé que Dios va delante de ustedes siempre.

A cientos de amigos y pastores por el apoyo incondicional a este proyecto gracias por sembrar y creer en lo que Dios puso en nuestros corazones como personas y ministerio, sabemos que toda recompensa viene del Señor a través de sus hijos gracias. A nuestro amigo y pastor Eduardo Peraza por ayudarnos en todo el proceso de edición y estructura del libro gracias por tu esfuerzo y experiencia incondicional gracias.

A todos ustedes: lectores, amigos alrededor del mundo, así como músicos y coordinadores que con su amistad y desprendimiento hemos podido recorrer muchas iglesias y eventos en estos veinticinco años de servicio a Dios, ministrando muchas vidas y más aún, llevándolas a los pies de Cristo, lo cual amamos. Les bendecimos, gracias por confiar en nosotros sabemos que el deseo del Padre es que podamos conocerle cada día más.

Nuestro mayor agradecimiento al Padre Hijo y Espíritu Santo por su inspiración amor y guianza en todo tiempo, esto lo hacemos solo para darte gloria y honra y por corresponder al amor que nos das reconociendo que sin tu Gracia y favor no podríamos hacerlo bien, gracias te amamos y sabemos que Tú te acercas a aquellos que te buscan con un corazón limpio y puro no perfecto sino honestamente arrepentido aquellos(as) que anhelan conocerte, gracias.

Tabla de Contenido

PRÓLOGO

El avivamiento que todos anhelamos comienza en el corazón de hombres y mujeres apasionados por buscar el rostro de Dios.

Dios nos llama a la comunión íntima con el Espíritu Santo, a la adoración y exaltación de Jesucristo, para que renovados en el fuego del primer amor prediquemos el evangelio y transformemos las naciones para Cristo.

Ésta fue mi experiencia, por el año 1991 tenía un ministerio próspero, una iglesia numerosa, bendecida y creciente en uno de los barrios más importantes de la ciudad de Buenos Aires, pero en mi corazón sentía insatisfacción.

"Tiene que haber más", me decía. Mi corazón clamaba por una nueva relación con el Espíritu Santo. Esa sed espiritual me llevó a buscar su rostro como nunca antes, a adorarlo por horas en mi lugar secreto.

Y aquello que comenzó en mi íntima adoración a Dios, se manifestó en mi ministerio de una manera sorprendente y gloriosa.

Multitudes de pastores y laicos desde todas partes de Argentina y del mundo invadieron las reuniones de la Iglesia Rey de Reyes, para entrar en este río de adoración y de unción que transforma las vidas y las restaura para que cumplan el propósito divino.

Y el Señor me llevó, hasta el día de hoy, a las naciones del mundo, portando la antorcha de este avivamiento. ¡Gloria a Dios!

En uno de mis viajes ministeriales, hace ya muchos años, fui invitado a celebrar una gran cruzada en San José de Costa Rica, y allí tuve la bendición de conocer a un joven apasionado y lleno del Espíritu Santo que dirigía la alabanza con gracia y con unción del Señor. Estoy hablando, por supuesto, de mi querido hermano Luigi Castro, autor de este libro.

Tiempo después lo invitamos a la iglesia Rey de Reyes y participó con nuestro ministerio de alabanza de la producción musical "Sopla en mí", que fue un éxito y lo sigue siendo en muchas partes del mundo.

Los años han pasado y guardo un especial afecto por Luigi y por su esposa Michelle. Valoro su ministerio y sé que este libro será de gran inspiración para todos los que anhelan una renovación en la comunión con Dios a través de la alabanza.

Dios busca adoradores y espero que encuentre en ti al adorador más apasionado. Si así sucede, tu vida entera será transformada.

Dr. Claudio Freidzon
Iglesia Rey de Reyes
Buenos Aires, Argentina.

ENDOSOS

Conozco al Salmista Luigi Castro por muchos años ya, prácticamente desde el inicio de su ministerio; él es uno de esos adoradores en espíritu y verdad que el Padre busca. Dios me ha permitido estar muchas veces cerca de él, conocer su corazón y su pasión por Jesús; su entrega al adorar y su gran anhelo por la presencia del Señor son conmovedores. Nadie mejor que él para escribir un libro sobre la adoración sin reservas y para indicarnos cómo vivir una vida de adoración, siendo ésta un verdadero estilo de vida.

El salmista Luigi Castro nos enseña que adoración es más que música, es un lugar de intimidad y nos guiará para encontrar el lugar secreto del Altísimo, donde rendidos ante Él. Nos realizaremos adorándolo como los escogidos y conocidos de Dios.

Disfruta de este riquísimo material que nos instruirá a profundidad en cómo crecer más para llegar a ser esos adoradores en espíritu y en verdad que el Padre eterno anhela tener en medio de su pueblo.

Sin duda alguna, recomiendo el libro de Luigi, y sé que éste será de gran edificación para todos aquellos hijos de Dios que desean exaltar por siempre al Rey de la gloria, Jesucristo nuestro Salvador.

Apóstol Dr. Rony Chaves
Centro Mundial de Adoración
San José, Costa Rica.

જી ન્ફ

No tengo duda de que la alabanza y la adoración son parte fundamental en nuestra vida. En la tarea que Dios nos ha encomendado vemos como el Señor las usa como un arma letal para destruir fortalezas.

En nuestras cruzadas, a través de los cantos, Dios va cortando cadenas y ataduras. Muchas veces escuchamos de personas sanadas y liberadas.

También vemos día a día como los rostros de las personas van cambiando y van recibiendo esperanza, paz, renuevo y fortaleza al mismo tiempo que preparan sus corazones para recibir la

Palabra de Dios. Es el complemento ideal para que luego la Palabra fluya en libertad. Es una herramienta que va golpeando los cimientos más duros.

Es mi oración que a través de este libro puedas ser inspirado para que tú también puedas usar esta preciosa arma que el Señor nos ha regalado. No te olvides que así como el enemigo utiliza la música para su provecho, su honra y también para destrucción, separación etc., Dios está buscando verdaderos adoradores, que la usen para arrebatarle al enemigo las almas y romper ligaduras, ataduras, derribando fortalezas, principados y huestes de maldad.

Así como David adoraba en espíritu y en verdad, Dios quiere en este tiempo adoradores verdaderos que tengan el llamado y que no lo hagan para mostrarse, sino sabiendo que están enfrentándose a un mundo espiritual que será derribado a través de la alabanza y adoración.

Evangelista Carlos Anacondia
Misión Cristiana Mensaje de Salvación
Argentina

૭ ৵

Dios ama compartir con hijos tiempos de intimidad, Él ofrece amistad y paternidad cuando su pueblo lo anhela, lo busca y lo honra.

"Anhelo Conocerte" debe ser la motivación del corazón de un adorador, pues el deseo de Dios, es compartir, amar y avanzar sus propósitos a través de su pueblo. Recomiendo este libro y felicito a su autor Luigi Castro, por mostrarnos a un Dios lleno de amor, gracia y compasión. Gracias por tantos años de servicio, adoración y perseverancia.

Pastores Frank y Zayda López
Doral Jesus Worship Center

INTRODUCCIÓN

Inspirar y animar el corazón de aquellos que lean este libro es el objetivo principal por el cual lo escribí. Usted y yo, querido lector, fuimos creados con un propósito divino: para la alabanza de la gloria de Dios, ya que separados de Él nada podemos hacer, por lo cual uno de los deseos del Padre expresados a lo largo del relato bíblico es encontrarse cara a cara con esos adoradores que saben elevar una fragante adoración de exaltación y honra en espíritu y en verdad.

Dios busca adoradores genuinos, hombres y mujeres que entienden el trasfondo espiritual e importante en la vida de un creyente y su importancia en lo que significa adoración.

Existen artistas con talentos y dones asombrosos y no le voy a quitar mérito al esfuerzo humano; sin embargo, deseo hacer más notorio lo que el Padre celestial está buscando: corazones dispuestos, honestos y humildes para presentarse delante de Él.

Los dones y habilidades ministran pero la unción pudre los yugos.

La adoración no sólo es para los que dirigen música dentro de las iglesias, sino para todo aquel que desee acercarse más íntimamente al corazón del

Padre. La adoración tiende a malinterpretarse por los cantos que expresa la iglesia durante el servicio y, aunque eso es parte fundamental, la verdadera adoración va más allá, significa servicio y obediencia. Con este libro deseo animarte para que subas conmigo a un nivel más alto en tu diario vivir como adorador.

Lo primero que sucederá para conocer más de Dios es restauración y limpieza, sus hijos tenemos libre acceso al Trono de la Gracia más sin embargo para ir al Padre Celestial adecuadamente, debe existir limpieza y restauración para ellos antecederá un proceso, el proceso es necesario para darnos cuenta que nos hace falta restaurar y quitar del medio para tener un acceso adecuado la Padre Celestial.

Ahora este proceso lo hará el Espíritu Santo con fuego no podrá ser en nuestra fuerzas físicas de experiencia o conocimiento humano sino por una experiencia real y constante diaria con el glorioso Espíritu Santo.

El deseo de conocerle debe ser una experiencia personal no solo grupal de cuándo vamos a la iglesia, sino una búsqueda incesante de Su persona no solo por sus bendiciones sino por quién es Él, los adoradores somos llamados a conocer al Dios que adoramos como un Padre y no solo como Dios, nuestro trabajo es inspirar y animar a otros a entra en esa dimensión no fuimos llamados a exponer nuestros dones como exhibición sino a influenciar e impactar a otros con lo que a diario practicamos en lo íntimo, no se puede llevar a otros a un lugar donde nosotros no hemos estado, es por eso que este libro nos ayudara a caminar más aun en ese deseo y con algunas enseñanzas practicas comprender por qué debemos anhelar conocerle, bendiciones.

"Cuando le damos adoración al Padre no debe existir orgullo sino humildad y con honra, esto significa desprendimiento de corazón y espíritu"

Capítulo 1

Adoradores Sin Reservas

Comencé ministrando a muy temprana edad en mi país natal Costa Rica. En aquellos años no se invertía mucho tiempo a la enseñanza de la adoración y la alabanza, contrario a los días actuales que hay acceso a mayor información. A pesar de que se nos dificultaba tanto obtener educación espiritual acerca de este tema en muchas iglesias, nuestro deseo profundo por conocer más de la persona del Espíritu Santo y de comprender su voluntad, nos hizo ir más allá de lo que ya se sabía. Recuerdo que la pasión por servir a la iglesia y ministrar era mi gran anhelo, todo lo que soñaba hacer era dedicar mi vida para proclamar el amor del Padre celestial usando lo que sabía en ese momento mis "talentos". Ese llamado que ardía como fuego dentro de mi corazón y en el de mis compañeros de aquellos días, sin saber mucho simplemente nos unió con propósitos poderosos en Dios que luego entendimos.

Sé muy bien que la pasión que había en nosotros por crecer como adoradores cuando aún éramos unos adolescentes nos ayudó para enfrentarnos y así triunfar por encima de difíciles situaciones cotidianas que vivimos en esa época. Precisamente en uno de esos días de adversidad, una noche escuché la voz del Espíritu Santo que me preguntó:

-¿Hasta dónde estás dispuesto a llegar por mí? Nunca olvidaré el resonar de esas palabras. En realidad no entendía hasta dónde debía llegar, mas con el paso de los años comprendí que nuestra alabanza y nuestra adoración serían probadas como sacrificio vivo y que nuestras vidas debían ser procesadas primero en el altar de Dios.

Tiempos de mucha búsqueda y también de mucho aprendizaje donde como en un molino fuimos triturados y pasados por el horno de Dios y luego por Su escuela porque como músicos nos costaba la disciplina y el estar bajo autoridad, mas sin embargo el Espíritu Santo fue bueno con nosotros y nos tuvo paciencia.

Es ahí donde creo firmemente que en nuestros días no debemos dejar a un lado la enseñanza y corrección no solo a los que están en un altar con mayor prioridad, sino a todos los que desean ser adoradores en Espíritu y Verdad.

Por muchos es conocido que nuestras canciones no son toda nuestra adoración a Dios, hay un camino que debemos recorrer en nuestro diario vivir para lograr llevar una adoración sin reservas y vivir de continuo rodeado de su presencia.

Si estudiamos a los grandes hombres de Dios en la Biblia encontraremos que ellos tuvieron primero que morir a su yo y entregar aún sus vidas mismas si fuera necesario para lograr ver la voluntad de Dios cumplida en ellos y en sus familias. Es la realidad, no podremos dar sacrificio a Dios que no nos cueste un alto precio. Estas palabras las dijo el salmista David, él entendió su sacrificio después de atravesar por un valle de lágrimas, mas sin embargo su actitud y corazón hicieron que Dios lo tuviera como uno conforme a su corazón.

Que es ser alguien conforme al corazón de Dios No es alguien que no se equivoca pues sino todos seriamos excluidos de Su presencia, sino es aquel hijo o hija que a pesar de equivocarse encuentra perdón y refugio en Dios, aquel hijo o hija que se arrepiente de corazón y sigue interrumpidamente su búsqueda y servicio al Dios que lo llamó.

Al rey David este Caminar (que aparentemente no era bueno) fue el que le hizo entender que su adoración verdadera proviene del sacrificio del ego y el yo natural.

También podemos entender esto analizando la vida de otros grandes ejemplos bíblicos. Empecemos haciendo una observación puntual de la vida de Eliseo, en el segundo libro de Reyes, capítulo 2:2. Un joven profeta apasionado por lograr la unción del Espíritu Santo en su vida, decidió avanzar detrás de un gran hombre de Dios como lo fue el profeta Elías. Para Eliseo no fue fácil alcanzar su meta, tuvo que sacrificarse y esforzarse por lograr la más alta distinción que un hombre o mujer puede obtener: la unción y la presencia de Dios. Para Eliseo, su más grande deseo era la doble porción del Espíritu Santo, en otras palabras, no fue una petición egoísta. Nunca su petición a Elías fue: "hazme famoso", "quiero ser conocido", "deseo tu ministerio". Nunca fue detrás de títulos humanos, sino de alcanzar lo que muy pocos piden hoy en día: la unción del Espíritu Santo. Él deseaba vivir apartado del mal y quería que esa doble entrega y amistad lo envolviera.

Es la unción que te lleva al mundo para liberar a los cautivos, para sanar a los enfermos y para enseñar el mensaje del reino de Dios a todas las naciones.

Si examinamos bien esta poderosa historia, el joven Eliseo tuvo que enfrentar diversos obstáculos para alcanzar su meta. Si esto lo trasladamos a un plano espiritual, como la adoración, también aplicará en todo lo que hagas y atravieses en tu mundo natural. Elías mismo se le interpone y le dice: "te ruego que no me sigas". En el original, la palabra Elías significa "Dios es él". Si lo entendemos desde un punto de vista espiritual podríamos comprender que Dios mismo se le interpuso a Eliseo con el objetivo de que él se diera cuenta hasta dónde iría por alcanzar esta unción, en otras palabras:

"perseverancia". Probar su voluntad en la vía correcta y que naciera en él un deseo y un anhelo por alcanzarlo hasta el final. Esas palabras: "te ruego que no me sigas", pudieron causar desánimo en Eliseo, pero nada de esto lo detuvo.

En el contexto de un adorador así como Eliseo no le fue fácil llegar al lugar que debía llegar en Dios, cuantas veces cambiamos todo por lo fácil desanimándonos por cualquier cosa y por alguien que no comprende tu llamado, por críticas y señalamientos, Eliseo tuvo que dejar a un lado todo aquello que le impedía lograr su llamado, aquello que aun nadie sabe y que no será para destruirte sino para catapultarte a tu destino en Dios. Muchos de estos pasajes en nuestro caminar así como en Eliseo son parte fundamental de nuestro aprendizaje y formación de lo que es un verdadero adorador.

En un joven músico o en una persona que desea servir de alguna manera dentro de la congregación, y que sabe que Dios lo ha llamado para un ministerio público o privado no importa su magnitud o alcance, para alguien que recién comienza y que muchas veces las emociones son más fuertes que tu formación en el carácter de Jesús, éstas serían las palabras del adiós, las palabras del retiro y el aislamiento o separación del cuerpo de Cristo y de la misma presencia de Dios.

La naturaleza humana sería retroceder y desanimarnos, pero para el verdadero adorador, equipo de alabanza apasionado, para la mujer decidida, para la iglesia y liderazgo que se aferran con insistencia en el sueño de servir a Dios con excelencia, un agravio a las emociones de esta índole más bien viene a ser como una valla que exige un poco más de esfuerzo y cuando lo hayamos escalado, miraremos nuestras circunstancias y nuestro destino desde una perspectiva muy diferente. Dios mismo pondrá a prueba nuestros anhelos humanos y los pondrá en perspectiva a nuestros deseos y anhelos que tenemos por Él.

Aunque todos los muros están elevados y más alto sea el obstáculo, entonces más fuerte podremos gritar VICTORIA. Para esto primeramente tendremos que depurar nuestras intenciones y dejar que el Espíritu Santo nos limpie.

Su Palabra dice en Malaquías 3:2-4 "¿Y quién podrá soportar el tiempo de su venida? ¿O quién podrá estar en pie cuando él se manifieste? Porque él es como fuego purificador, y como jabón de lavadores. Y se sentará para afinar y limpiar la plata; porque limpiará a los hijos de Leví, los afinará como a oro y como a plata, y traerán a Jehová ofrenda en justicia. Y será grata a Jehová la ofrenda de Judá y de Jerusalén, como en los días pasados, y como en los años antiguos".

En este pasaje, el Señor nos indica que se sentará para afinar a los hijos de Leví, la tribu encargada de la adoración musical dentro del pueblo de Israel. Dios entonces afina el llamado ministerio como al oro ¿para qué? para que traigamos a Jehová ofrenda en justicia como en los años antiguos.

El deseo de Dios es "purificar y limpiar" nuestras vidas y por ende nuestra adoración. Cuando leemos la palabra "limpiar", en el original su significado es "sacar toda basura", y éste es el propósito, limpiarnos de todo aquello que impide ofrecer a Dios una adoración sin reservas.

Ahora, esta purificación será con fuego, el fuego de Dios. En otras palabras, el proceso será muchas veces intenso y a un precio alto para lograr el nivel de excelencia que Él considera el más justo y genuino. Caminando con Jesús, procuraremos sus pensamientos y aprenderemos de su dedicación y persistencia.

La pregunta es: ¿hasta dónde estamos dispuestos a esforzarnos por educar nuestro carácter y desarrollar la actitud de un adorador?

¿Continuaremos con humildad el proceso que Dios ha iniciado? un proceso necesario en nuestras vidas, no claudicaremos porque es más fuerte Su llamado que cualquier otra cosa en el mundo. Vamos, no desmayemos, entreguemos a nuestro Dios una adoración sin reservas, esta generación necesita conocer de hombres y mujeres llenas del fuego del Espíritu Santo, llenas de la presencia de Dios que reflejen su adoración aun en lugares y plazas públicas donde los demás puedan ser llenos del amor del Padre.

Esta vida de adoración por eso mismo debe ser sin reservas y una de las reservas más comunes es el orgullo y la falta de honra, ¿cómo es esto? Cuando le damos adoración al Padre no debe existir orgullo sino humildad y con honra, esto significa desprendimiento de corazón y espíritu.

Una vida de orden en lo privado como un acto de adoración, puede agradar más al Padre que cualquier sacrificio sofisticado en lo público, ¿pero qué más puede convertirse en estas "reservas" que impiden una adoración más allá de lo común? Algo que he descubierto en estos tiempos es la falta de comunión y cercanía al Dios al cual servimos todos los domingos o a tiempo completo.

Contemplemos una vida de adoración sin reservas que le otorgó el título de "amigo de Dios": Abraham. Dice la palabra que fue llamado por Dios para que se alejara de su gente a tierras extrañas y, sin dudar, Abraham cree la palabra y sale, sin saber adónde iba, pero emprendió su viaje, fue un acto de obediencia sin reservas ni excusas. De igual manera, años más tarde en medio de su riqueza y abundancia, Abraham es probado cuando Dios le pide que sacrifique a su único hijo Isaac. El acto de obediencia más alto, sacrificar a su hijo. ¿Cuántos de nosotros podríamos soportar un acto de obediencia a tal costo? Nuestra adoración será probada en obediencia, para que sepamos hasta dónde podremos llegar por Dios. De nada sirve conocer toda la Biblia si no la practicamos.

Abraham otra vez demuestra su amor y adoración por Dios llevando a su hijo amado al altar de sacrificio, creyendo en el plan que Dios le había preparado, ahí es donde un ángel le dice que no ejecute el sacrificio y su obediencia de fe y adoración sin reservas lo convierte en amigo de Dios.

Nuestra adoración sin límites, sin reservas, en obediencia nos hace amigos de Dios y nos convierte en verdaderos adoradores.

Esta adoración sin reservas debe ser para Dios en amor, guardar sus mandamientos y cumplirlos produce beneficios directos a nuestras vidas tales como:

1) Seguridad y Paz

El darle todo a Dios con obediencia nos permite tener una relación de amistad con Él, nos produce tranquilidad y serenidad en medio de las tormentas.

Jesús dijo: "mi paz os dejo y mi paz os doy, no como el mundo os la da yo te la doy." (Juan 14:27)

2) Convicción

La obediencia a sus mandamientos y una adoración sin límite de entrega nos produce convicción de nuestra victoria a través de la cruz de Cristo. Tu adoración verdadera en este principio de la Cruz es poderosa y produce victoria en todas las áreas de tu vida.

3) Quienes somos (Identidad)

Entender de dónde proviene nuestra imagen, a quién nosotros somos semejantes es estrictamente necesario para el éxito de nuestra existencia. De acuerdo con la palabra de Dios, Él nos creó a su imagen, la imagen próspera y creativa de un Rey.

Somos descendientes directos de su sueño, nacimos en el corazón de Dios como un anhelo que Él tuvo de crear un ser con conciencia voluntaria, esto quiere decir que Dios en su gran soberanía, le pareció que en el universo aún no existía un espíritu con el que Él pudiese tener una relación de amistad, a pesar de que Él estaba rodeado de ángeles que le servían y le daban adoración. Pero Dios deseaba crear a alguien superior a los ángeles, fue así como tomó acción y con sus propias manos nos formó y nos depositó dentro de un cuerpo natural aquí en la tierra. Él nos heredó la tierra para gobernar sobre ella.

La identidad terrenal en un adorador consiste en identificar la identidad en Dios y a través de la adoración sin reservas lo podemos descubrir.

En Cristo, usted es un hombre y una mujer libre, gracias a su redención podemos rescatar la verdadera identidad y el propósito que Dios tiene para nosotros desde antes de la fundación del mundo. Cuando yo decido dar un paso más allá de lo cotidiano y decido dar a Dios adoración sin reservas, entonces obedecer sus mandamientos nos produce satisfacción y realización. Debemos saber quiénes somos en Cristo Jesús para que en nuestra vida todo lo que nos pida el Señor, podamos darlo sin reservas y sin límites.

"El fundamento real de nuestra verdadera adoración está íntimamente ligada a la revelación que tengamos de quién es Dios en nuestras vidas y su Palabra"

Capítulo 2

Se Buscan Adoradores

Jesús se acerca a la mujer en el pozo en Juan 4:23 (lo cual estudiaremos más adelante en el capítulo 12) y nos da una gran palabra, prácticamente profética, de que en un tiempo cercano se levantará una generación de adoradores en espíritu y en verdad y confronta con un punto muy interesante a esa mujer: ustedes y sus antepasados adoraban sin saber a qué o a quién adoraban.

El fundamento real de nuestra verdadera adoración está íntimamente ligada a la revelación que tengamos de quién es Dios en nuestras vidas y Su Palabra. Si no conocemos quién es Dios para nosotros, no podremos revelar el nombre de Jesús a otros con claridad, en la música y en los adoradores debe existir una íntima relación con Dios para poder guiar a su pueblo a niveles más altos cada vez. Podría decir, un hambre desesperada por conocer más y más de quién es Dios para el hombre y a quién adoramos verdaderamente. Él entonces se revelará a aquellos que con anhelo le buscan para dar a conocer sus más íntimos pensamientos y la voluntad de su corazón.

Para eso debe existir un anhelo desesperado y constante en nosotros por Dios. Nuestra adoración no debe caer en la rutina o monotonía, sino que debe ser una experiencia sobrenatural todos los días, un ambiente de gloria donde el deseo de Dios es acercarse a sus hijos y revelarse en amor a ellos.

La pregunta es: ¿Por qué el Padre busca verdaderos adoradores? Con el pasar del tiempo, si nos distanciamos de la presencia de Dios, nos desviaremos del camino y propósito original por el cual fuimos llamados. Es vital que esos adoradores que fuimos llamados por el Padre regresemos al modelo original del plan de Dios para nuestras vidas y para el mundo.

¿Por qué fuimos creados? Para alabanza de su gloria, para glorificar con nuestras acciones y vida a nuestro Creador y revelar su nombre a toda criatura en la tierra. Somos la corona de Su Creación y por ende el Reino de Dios que es amor y perdón puede acercarse al hombre. Esa es nuestra verdadera adoración, que a través de la música o nuestros talentos podemos manifestar de una manera más evidente y palpable al mundo el mensaje de la Cruz. Pero en sí, la música no es el fin, si en nuestros corazones estamos separados de Dios nuestra música también lo estará del plan original.

Hay una razón fundamental por la que el Padre busca adoradores conforme a su plan y conforme a

14

su corazón y es la de tener comunión con sus hijos. Esa generación es la que debe levantarse y llenar la tierra de su nombre a través de la música y talentos, una adoración que revele el nombre de Cristo al que no le conoce, pero primero será a través de una relación personal donde conocemos a nuestro Dios como Padre.

Uno de los objetivos principales de este libro es inspirarle a vivir en una búsqueda diaria y constante de su presencia y un anhelo por el Espíritu Santo, que produzca en nosotros sed de buscarle, amarle y obedecerle. La verdadera adoración nace del corazón que depende de este principio en todo tiempo y que no se separa de la fuente que es Jesús por ninguna circunstancia u oferta.

Recordemos que cuando David escoge a los cantores y encargados de la música en el tabernáculo, en el primer libro de Crónicas, eran gente idónea. El significado de idóneo tiene varios contextos:

1) Eran personas escogidas para estar a las órdenes del Rey y vivían cerca del tabernáculo, esto implica que no estaban desconectados o lejos de lo que sucedía, sino que estaban pendientes de su llamado.

"Cuando logramos entender el Padre como nuestro Creador, anhela estar cerca de nosotros la soledad será imposible"

2) Eran personas con talento para desarrollar este llamado, en otras palabras, se superaban constantemente y eran entendidos en lo que hacían.

El Padre cuando llama capacita y nos prepara para el llamado, nos da las herramientas para lograrlo y nos guía para reconocer ese llamado. Todos fuimos llamados al "ministerio". La palabra "ministerio" significa servicio y en la más alta connotación, a ser "adoradores".

Estos son los adoradores que El Padre sigue buscando en este tiempo y tú eres ese adorador. Él te llama a ti y a mí a conectarnos con el propósito original por el cual fuimos creados: para alabanza de su gloria.

Hoy en día es muy común ver personas en el mundo buscando algo a qué aferrarse, algo o a alguien a quién adorar, la humanidad ha inventado muchas vías o caminos para lograr llenar los vacíos que produce la religión, pero sólo Jesús puede llenar estos vacíos. Cuando logramos entender que el Padre, como nuestro Creador, anhela estar cerca de nosotros la soledad será imposible.

Ya lo he dicho y continuaré insistiendo en que los adoradores no son sólo los que están en la plataforma de una iglesia ministrando la música un domingo, sino que se refiere a "todos" aquellos que se rinden a ministrar el corazón del Padre haciendo su voluntad y sometiéndose a sus preceptos. Este es el motor de nuestra música, el vehículo de nuestras canciones, es donde abordamos nuestros dones y talentos que son guiados bajo las ruedas del glorioso Espíritu Santo.

Cuando hablamos de que el Padre busca adoración y alabanza verdadera nos referimos a Dios mismo como centro de nuestra atención. No se trata de nosotros (cuando digo nosotros, me refiero a que no se trata inclusive de mis gustos musicales, criterios personales, culturales, musicales, talentos, ritmos y demás, se trata de conectar con esta música y letra al pueblo con Dios). Cuando hacemos o grabamos música que sea de adoración genuina, debemos pensar primero que se trata de Él y que esta música y letra va dirigida a Dios, pues Él es el objeto de la adoración verdadera, y luego para cambiar vidas y corazones y acercarlos a Jesús; sin embargo, para hacer una adoración genuina y verdadera necesitamos la participación absoluta del Espíritu Santo.

Cuando yo ministro en la música me hago estas preguntas que tal vez le den un poco de luz a ciertos pensamientos:

1) ¿Para quién estoy viajando y cantando? Muchas veces puedo mover las emociones de la gente con solamente música moderna, ritmos y palabras, pero no su espíritu. No hay cambios profundos, pues la música no cambia los corazones, los cambia la presencia de Dios. Recordemos que una de las funciones, y diría más bien responsabilidades principales de un adorador, salmista o exponente de música cristiana, es llevar al pueblo de Dios a tener experiencias espirituales duraderas y no pasajeras en las personas. En otras palabras, ¿me esfuerzo en marcar espiritualmente a la gente cuando me invitan a un lugar a cantar, ministrar o predicar o lo tomo livianamente?

2) Cuando grabo una canción o un CD, una pregunta que yo me hago es: ¿cuál motivación me mueve a hacerlo? Digo esto porque hablo con muchos músicos y cantantes cada fin de semana cuando viajamos por todo el mundo y algunos no tenemos claro cuál es el llamado principal que tenemos en la música. A veces somos influenciados por parámetros naturales, vemos al mundo premiar artistas, ganar dinero y mucha fama y reconocimiento y humanamente nos vemos muchas veces seducidos y atraídos a tener y ser eso mismo, pero es un patrón equivocado, no debemos imitar al mundo en nada. Moisés marcó una línea y dijo al pueblo: "Los que están del lado de Dios vengan conmigo y los que no, quédense del otro lado de la línea" Éxodo 32:26.

Siempre Dios ha marcado esta línea, no puedo estar de ambos lados.

3) Otro punto importante es: No dependo sólo de mi talento para llevar a la gente a un encuentro con Dios en la música, dependo de mi experiencia íntima con Él. Cada día, a cada momento, es lo que me sostiene, eso es lo que se manifiesta en los pulpitos: "su presencia", no la mía, ni mi experiencia, o si me conocen o no, y ahí es donde estoy más que convencido que está el corazón de los verdaderos adoradores y es donde nace el verdadero río y fluir profético. Recordemos que la profecía en la música se basa en momentos se adoración profunda y en el principio de que es Dios quien habla, no yo. No es mi mente, es el Espíritu Santo y, si no le conocemos, cómo podremos reconocer su verdadera voz. Ahí es donde no manipulo, sino que es la voz genuina del Espíritu Santo.

"La vida de un músico sí importa a los ojos del Padre, es ahí donde antes de ser enviados seremos formados"

4) Uno de los pensamientos que tengo es en recordarme a cada instante que cuando me invitan, las personas no necesariamente necesitan verme a mí, sino a quien cargo en mis hombros. La gente

viene con problemas y muchos no viven una vida de adoración profunda y se cansan cuando el tiempo es largo y no saben inclusive por qué levantan las manos, por eso necesitan ver a Dios.

5) Cuando adoramos verdaderamente, no hay

"Es necesario y vital la experiencia de adoración en un hijo de Dios"

tiempo ni estructura que me guíe, me guía el sentir del mover del Espíritu Santo, y lo que Él quiere hacer. No se trata de una lista de cantos o de mis canciones o técnica o banda. El esfuerzo humano es necesario la disciplina en el estudio de todo lo que tiene que ver con Dios pero pesa más lo que vivimos en Dios como experiencias espirituales que lo que sabemos de una manera aprendida de otros, a Dios no se le puede impresionar con un talento sino con un corazón humillado y rendido.

Es importante destacar en este capítulo y como prioridad número uno, desarrollar una relación con Dios sin obstáculos. La vida de un músico sí importa a los ojos del Padre, es ahí donde antes de ser enviados seremos formados, Dios nos ama y nos forma para poder llevar su mensaje con el poder y demostración de su presencia.

El mundo necesita un cambio y es a través de un avivamiento que podremos ver miles y miles de personas viniendo a los pies de Jesucristo, por esa razón el Padre sigue buscando verdaderos adoradores, ¿serás tú uno de ellos?

Es necesaria y vital la experiencia de adoración constante y honesta en un hijo de Dios.

En la Biblia la adoración es fundamental, es un principio invaluable que nos invita a tener intimidad con el Padre celestial.

La adoración no se nos presenta como un ritual o modelo de estructura para que funcione, más bien tiene que ver con un asunto personal. No es impuesto, sino un plano diseñado por Dios para acercarnos a Él y mostrarnos por lo que fuimos creados. Por ejemplo hay un modelo que el rey David descubre al escribir el Salmo 100 y que me gustaría que observemos el cual David utiliza para enseñarnos como debemos acercarnos ante el Padre Celestial de una manera correcta (no estoy diciendo que sea un modelo inamovible, sino una guía de cómo hacerlo) veamos este Salmo dice:

"Cantad alegres a Dios, habitantes de toda la tierra. Servid a Jehová con alegría; venid ante su presencia con regocijo. Reconoced que Jehová es Dios, él nos hizo y no nosotros a nosotros mismos; pueblo suyo somos y ovejas de su prado. Entrad por sus puertas con acción de gracias por sus atrios con alabanza ¡Alabadlo, bendecid su nombre!, porque

Jehová es bueno, para siempre es su misericordia, y su fidelidad por todas las generaciones".

Ahora veamos varios principios importantes que encierra este Salmo de cómo acercarnos al Padre y que nos da una llave para lograr una adoración efectiva:

Primero que todo el Salmo comienza diciendo Cantad Alegres a Dios: si lo analizamos en el original esta Palabra es: ruwa' roo-ah' que en hebreo quiere decir: gritar, levantar el volumen del sonido. Clamor o alarma de guerra. Sonido de marcha. Grito de triunfo sobre los enemigos. Gritar acompañado de aplausos. Gritar con impulso religioso. Gritar con gozo y júbilo.

Esto en otras palabras significa que la adoración que debemos darle al Señor debe ser de una manera alegre y con gozo, sabiendo que Él vive y que no estamos adorando a un Dios que está muerto sino que es real y habita en medio de Su pueblo, solo a Él podemos adorar, al único y sabio Dios.

Muchos tratan de presentar al Señor de una manera aburrida, a un Dios demacrado y que no es feliz y aunque sí es cierto que sufrió, no está en una tumba, sino que vive y reina en majestad para siempre. Alégrate por su muerte y resurrección.

¿Quiénes pueden ser hallados por Dios? Los habitantes de toda la tierra. Toda la tierra es de EL y toda ella necesita cantarle.

La adoración verdadera no está limitada a un territorio, nación o pueblo, sino todos por su gracia estamos invitados en El amado, esto podemos verlo en la Biblia la cual nos presenta todo un remanente de adoradores en el libro de Apocalipsis que está integrado con gente de todas las lenguas, tribus y naciones, Amen.

Segundo, nos dice este Salmo: Servid a Jehová con alegría: esta palabra se desglosa en hebreo de la siguiente forma: 'abad aw-bad' que significa: servir, laborar. Hacer una obra. Trabajar para otro. Hacerse uno mismo un siervo.

La adoración está íntimamente ligada con servicio a Jesús. El mismo lo declaró en la tentación en el desierto cuando le dijo a satanás: "Al Señor tu Dios adorarás y a Él sólo servirás". La adoración nos lleva a un ámbito de servicio a los demás. Debe existir un pueblo que se goce y ame su presencia, pero como consecuencia ame también el servir en su iglesia, a los demás y a la nación.

Tercer punto este Salmo nos dice: Venid ante Su presencia con regocijo." Palabra hebrea: simchah sim-khaw'. En el original esta palabra significa: gozo, placer. Gozo de Dios.

El gozo que nace por el hecho de servir nos motiva a seguir haciendo todo por Jesús.

Un gozo que bien de un ánimo voluntario que nos recuerda que el gozo es el combustible de nuestro servicio a Dios, No hay nada que hagamos que a Dios se le haya olvidado.

Cuarto punto de este salmo 100 es: Venid ante Su presencia: Esta palabra en hebreo es: bow' bo. Que significa: venir. Entrar. Ir. Ser enumerado. Ser introducido.

Al acercarnos al Señor debe existir profunda comunión y devoción. Es a través del glorioso Espíritu Santo que somos introducidos a sus recamaras de amor, somos seducidos y atraídos con cuerdas de amor para disfrutar y esperar en Él. Es así que Su presenciase se mueve en nosotros y nos conduce ante su morada. Nos acercamos porque el Espíritu Santo nos toma, y nos introduce donde miles y millones forman parte de una gran adoración al Rey.

Quinto punto importante en este Salmo es: Delante de Dios ante su Presencia. Esta palabra hebrea: paniym paw-neem', que significa: cara a cara, estar ante una persona, estar frente a. Y Su palabra declara: "Si se humillare mi pueblo, sobre el cual mi nombre es invocado y buscaren mi rostro". II Crónicas 7:14

La presencia de Dios es la experiencia más importante y necesaria que un hijo de Dios necesita tener, es ahí donde cara a cara sabemos quiénes somos y para que fuimos creados. Anhelar su rostro es conocer cara a cara al Padre con un anhelo desesperado por estar a sus pies, donde somos transformados y cambiados, en ese punto nunca seremos los mismos.

Sexto punto de esta palabra Regocijo en original palabra hebrea: rnanah ren-aw-naw', quiere decir: gritar con gozo, regocijo, grito de gozo. Explosión del alma y efervescencia de espíritu es el resultado de estar en la presencia del Señor.

Es ahí donde los odios, resentimientos y dolores no existen más, todo aquello que nos robaba la alegría es derrotado y nuestra vida es empoderada en Cristo Jesús.

Es algo que no depende de cómo me siento en mis emociones sino quien soy en Cristo Jesús, por eso su palabra dice que el gozo del Señor es nuestra fortaleza.

Séptimo punto de este salmo 100 es: Dar honra reconoced. Esta palabra en hebreo es: yada' yaw-dah' que quiere decir muchas cosas importantes: Conocer. Aprender a conocer. Percibir y ver. Descubrir y discernir. Discriminar y distinguir.

Conocer por experiencia. Conocer una persona íntimamente. Tener revelación. Estar instruido.

Podríamos intuir aquí que esta es la columna vertebral como lo llaman algunos teólogos, de este gran salmo para lograr tener una verdadera adoración debemos entender y reconocer varios columnas de lo que hacemos. Entonces ante todo, ¿Qué debemos reconocer?

a) Que nuestro dueño es el Señor

Todo lo que tengo y todo lo que soy pertenecen a Él. No soy dueño de mí mismo y Él quiere ejercer Su Señorío sobre mí en todas las áreas de mi vida. Reconociendo que Él es Señor por lo tanto no puedo vivir como sea mi deseo sino que obedezco en amor por lo tanto mi seguridad está garantizada.

b) Que Fuimos creados por Dios

Enfatiza que reconocerlo como Señor amplia mi entendimiento acerca de no bastarme a mí mismo sino por Su Gracia, sabiendo que si Él me creó, lo hizo con un propósito, el cual debo conocer y vivir para ese propósito.

c) Cuando lo reconocemos como Pastor.

Cuando podemos escoger su dirección y hasta reconocer su represión, su guía y todo ese proceso necesario y total de formación en mi vida, a pesar de que no entienda y me duela.

Continuamos con la Octava clave en el salmo 100. Dice David la palabra: Entrad en otras palabras pasen libremente esta palabra hebrea es: bow' bo. La misma usada en venid por sus puertas: en hebreo: sha'ar shah'-ar. Esta palabra significa: puerta como lugar de entrada. Lugar de reunión pública. Ciudad. Castillo Real. Templo del Cielo.

Cuando me presento humillado soy introducido como hijo y no como adoptado sino que puedo entrar a la habitación del Rey con seguridad de que no será rechazado o ignorado.

Novena palabra entren con gratitud acción de gracias. Esta palabra en hebreo es: towdah to-daw'. La cual significa: confesión de agradecimiento. Dar alabanzas a Dios. Dar gracias con cantos litúrgicos de adoración. Agradecimiento con coros y procesión.

Entro ante el Rey humillado pero con un sentido de gratitud dando gracias con demostración por su amor y bondad a mi vida, declarando alabanzas al Señor, cantando con la mejor expresión un canto lleno de agradecimiento por su redención.

Decima clave que nos da el rey David en el salmo 100 dice: por sus puertas, por sus atrios esta palabra también en hebreo: chatser khaw-tsare', que significa: el lugar de residencia de un soberano o dignatario. Palacio o mansión real. Reunión formal presidida por un soberano.

Jesús nos dijo en su palabra "Me iré y os prepararé moradas para vosotros. En la casa de mi Padre muchas moradas hay, voy pues a preparar lugar para vosotros".

Jesús prometió que nuestra residencia seria en los mismos arios del Señor, un lugar adquirido por gracia y misericordia sin merecimiento personal o logros terrenales.

Undécima palabra de este salmo que estudiamos es: con alabanza una palabra Hebrea: thillah teh-hil-law' que significa: canto o himno de alabanza. Acto de alabanza pública. Reconocer la fama y la gloria de alguien.

Es donde me siento en casa un lugar donde puedo elevar mi adoración como acto público sin timidez pues es mi hogar una casa de honra y justicia.

Duodécima palabra clave: Levanten alabanza alábenle. Es una palabra hebrea: yadah yaw-daw'. La cual significa: lanzar, impulsar. Lanzar flechas. Dar gracias con emoción.

Nuestras alabanzas son como flechas lanzadas por la fuerza del Espíritu Santo y que al expresarlas con gozo dan en el blanco con efectividad.

Y por último: Hablen bien bendigan esta palabra en Hebreo es: barak baw-rak'. Esta palabra significa: bendecir de rodillas. Adorar postrado.

"Podemos decir, que no tomando esto como molde estricto y riguroso, sino como una guía en un orden de fluir en la alabanza y la adoración, comenzamos con gritos de júbilo y alegría, explosiones de gozo y manifestaciones públicas de reconocimiento, pero termina con una actitud humilde de rodillas y reconociendo que por encima de todo Él sigue siendo el Rey y el Soberano y que ante Su Presencia majestuosa, quedo postrado ahora en silencio, llorando de felicidad y sollozando de extremo gozo porque mi vida ahora tiene sentido," amen.

En este caso al final podemos hacernos unas preguntas importantes:

1. ¿Es la adoración que ofrezco a Dios una genuina adoración o es sólo el producto de la euforia colectiva que me contagia?

2. ¿Tiene mi adoración a Él la médula y el corazón del verso 3 del Salmo 100 o sólo tiene las tapas del sándwich, pero sin la sustancia que da sabor?

Vemos como David logra entrar de una manera clara y profunda ante Su presencia. Hoy el Espíritu Santo desea introducirnos a ti y a mí a un nivel

29

sobrenatural de gloria, entrando por sus atrios todo comenzara. Hoy es el día entrar con libertad y humildad, Él te está esperando pues sigue buscando verdaderos adoradores.

La Adoración es la expresión más sublime de mi acercamiento a Dios y del acercamiento de Dios hacia mí. Entonces vamos a adorarlo en Espíritu y Verdad.

Capítulo 3

El Corazón De Un Adorador

"Dios está más interesado en formar nuestro carácter que en usarnos. Él nos formará para su gloria."

El corazón de un adorador debe ser quebrantado y para eso se necesitará de un proceso. Es un tiempo conformado por fuego y dirigido por el Espíritu Santo, disipando toda impureza y transformando corazones duros e incrédulos en corazones sensibles a la voz de Dios.

¡Levántate y resplandece, que tu luz ha llegado!

¡La gloria del SEÑOR brilla sobre ti! Isaías 60:1

El verdadero adorador tiene una actitud espiritual y no es superficial, refleja la luz de Cristo en medio de la oscura manera de vivir del mundo. Lo que procuro decir es que el individuo espiritual se conduce mirando por encima de las adversidades, tiene su mirada enfocada en Dios, por lo tanto su lenguaje expresa devoción, fe y esperanza y fluye de la palabra misma de Dios.

Es un hombre o una mujer que no se queda caminando a la orilla de las aguas del río de Dios, sino que avanza y se sumerge en las aguas profundas. Un adorador va más allá, no se queda sentado en la antesala adornada de rudimentos y preceptos cotidianos de una religión, sino que sigue caminando por los palacios del Rey a la intimidad de Su Presencia. El destino de todo adorador es llegar hasta la habitación donde está nuestro amado Rey Jesús, encontrarnos allí con Él, caer rendidos a Sus pies para vivir una constante y refrescante adoración.

Dios a mí me ha ido enseñando y edificando mi carácter. Son distintas e infinitas las formas que Él ha utilizado en mi caso personal, no ha sido fácil ya que como seres humanos separados de Dios, traemos una naturaleza débil y negligente.

El camino que conduce al nivel de un adorador genuino inicia en la disposición de su persona. Esto sólo sucede cuando yo decido voluntariamente rendir mi corazón a Dios, en el momento en que mi actitud es sometida a la obediencia de Su Palabra, en ese instante en que uno ya deja de cuestionar o sugerirle a Dios qué y cómo hacer Su obra.

Argentina un lugar de cambio

Uno de esos extraordinarios días en los que la mano de Dios intervino para moldear mi corazón de adorador fue cuando tuve la oportunidad de vivir en América del Sur por una temporada. Fue un tiempo de un gran avivamiento en Argentina, el resto de Latinoamérica, así como en otros países al otro lado del océano. ¡Qué hermoso privilegio fue trabajar al lado del pastor Claudio Freidzon! Un hombre sediento por la Presencia del Espíritu Santo, dedicando su vida completa para provocar a todo un país para que se vuelva al único gran Dios. Ese acercamiento a ese mover genuino del Espíritu Santo, donde la soberanía de Dios, Su Gracia y el poder infinito, se ve reflejado en la vida de otros seres humanos comunes como usted y yo. Definitivamente produce un impacto en el corazón, es ahí que nace el deseo por experimentar esa relación que ellos han alcanzado.

Vi que tanto el pastor como sus colaboradores habían experimentado un quebranto mucho más profundo, se notaba una amistad con Dios más personal y más tangible. No podía entonces yo más que procurar aprender, seguir el ejemplo de aquellos hermanos que amaban a Dios pero, aunque yo también lo amaba y le servía como un ministro de la música, no era lo mismo. Aprendí que Dios nos da la oportunidad a todos de estar cerca de personas que han atravesado transformaciones y que han llevado su comportamiento humano a niveles superiores de relación con el Espíritu Santo en una vida de santidad, paz, amor y gozo. Esto le ocurrió al joven profeta Eliseo cuando tuvo que decidir qué era lo que más deseaba en la vida.

Entonces Elías le dijo a Eliseo: -Quédate aquí, pues el SEÑOR me ha enviado a Betel- Pero Eliseo le respondió: —Tan cierto como que el SEÑOR y tú viven, te juro que no te dejaré solo- 2 Reyes 2:2

... Elías le preguntó a Eliseo: ¿Qué quieres que haga por ti antes de que me separen de tu lado? —Te pido que sea yo el heredero de tu espíritu por partida doble —respondió Eliseo. — Has pedido algo difícil —le dijo Elías—, pero si logras verme cuando me separen de tu lado, te será concedido; de lo contrario, no.

Este pasaje es una muestra de lo que uno puede alcanzar cuando se mantiene al lado de una persona que camina en niveles más altos y con mayor entrega a Dios. Es entendible que Eliseo estaba enfocado en la relación de Elías con Dios y deseaba una doble porción de aquella amistad que veía en el profeta Elías. Obviamente, de acuerdo a la instrucción que se le dio a Eliseo, era necesario que le siguiera de cerca diariamente ya que no se trataba de un acto espontáneo o místico que se le obsequiaría sólo por pedirlo, al contrario, requería de una entrega absoluta y constante. Seguir para aprender, escuchar para instruirse, madurar la visión y el deseo que sentía por acercarse a Dios de una manera aún más profunda que la de Elías.

Te invito para que pienses en alguien de tu congregación que consideres que es un ejemplo a seguir. Acércate, aprende, solamente deja que Dios le use para que puedas cultivarte espiritualmente. Te darás cuenta cuando estás al frente de una persona que tiene una mejor actitud de adorador que la tuya, porque vas a reconocer que no estás espiritualmente en el lugar que deberías estar. Por lo tanto, disfruta de la oportunidad de aprender de tu pastor, de tu líder y de cualquier persona que Dios haya puesto al lado tuyo para ser tu apoyo e inspiración.

Ahora para lograr obtener un corazón puro de adoración son necesarios varios elementos importantes, uno de ellos es el arrepentimiento: este arrepentimiento no se basa en sentir remordimiento de mis acciones y continuar en lo mismo sino en un cambio total y radical de todo aquello que impide una vida limpia y honesta delante del Padre. No es suficiente solamente decir voy a cambiar sino en accionar a ese cambio, quitando del medio todo obstáculo que impide la aprobación del Padre y por ende morir al yo. Debemos apartarnos de toda manera definitiva de pecado, es una decisión personal que tomamos por amor y gratitud con Dios.

El verdadero arrepentimiento no se basa tampoco en el temor al castigo, sino en un deseo de hacer la voluntad de Dios con ánimo y pasión, si este arrepentimiento es emocional o mental podremos caer en la trampa de volver a las mismas costumbres pero si es por el Espíritu tendremos conciencia de que no debemos hacer algo que pueda apartarnos de Su Presencia; es ahí que al vivir una vida transparente en la verdad de que Jesús venció por nuestras faltas y transgresiones en la cruz del calvario, viviremos agradecidos y convencidos en guardar y valorar una amistad con Dios la cual nos trae consigo enormes beneficios no sólo espirituales, sino también económicos y físicos. Los hijos de Dios como adoradores debemos llegar al convencimiento de que no podemos vivir lejos de Aquel a quien adoramos y en consecuencia daremos testimonio en todo lugar hasta lo último de la tierra, empezando por casa y más aún por nuestra vida personal.

Una pregunta interesante que nos podemos hacer es como se yo que realmente me he arrepentido? Provocar una sonrisa en el rostro de Dios se justifica más en lo que hago cuando nadie me ve que cuando miles me están observando, el hecho de perdonar a aquellos que hablan en contra murmurando, inclusive cuando te agreden verbalmente por alguna razón, o también en el caso de personas alrededor de ti que te traicionan, eso es arrepentimiento, pues tu carácter ha sido moldeado a la imagen de Cristo. David era un hombre conforme al corazón de Dios, un adorador transformado.

El Rey David a los ojos humanos podríamos decir que actuó de manera indigna, cometiendo pecado, mintiendo, adulterando y matando; sin embargo, cuando fue confrontado con la santidad de Dios a través del profeta Natán, él se arrepintió de manera radical, se humilló y dispuso su corazón para aceptar la corrección que vino de parte de Dios, fue perdonado y restaurado al mismo lugar y posición donde antes estaba, no solo ante los demás sino ante los ojos de Dios, eso es verdadera restauración.

Esta verdad del amor infinito e inescrutable de Dios la podemos ver reflejada antes al ser destituido Saúl, pues David fue elegido como rey de quien dio este testimonio: "He encontrado en David, hijo de Isaí, un hombre conforme a mi corazón; él realizará todo lo que yo quiero." Hechos 13:22

Enfaticemos la frase "un hombre conforme a mi corazón", Convencido estoy que David al arrepentirse y apartarse del pecado de manera radical fue exactamente debido a su corazón. Aprovecho a decirte aquí querido lector: Dios no busca gente perfecta sino dispuesta. Al mirar las palabras de Dios refiriéndose al corazón de David en el antiguo testamento, me hace estar seguro que lo que hace que la presencia de Dios se vuelva hacia un ser humano es la honestidad de su arrepentimiento, esto es integridad. La integridad no tiene que ver con ser infalible sino con misericordia divina, esto quiere decir que si fallaste una o muchas veces si te arrepientes de corazón y te apartas de ese camino, Dio te perdonara y te restaurara.

En la Biblia encontramos muchos pasajes en referencia a los corazones de iniquidad que están cegados por sus sentimientos y que viven desviados de la verdad, un doloroso ejemplo fue el rey Saúl, alguien que escucho la voz de Dios y profetizo en muchas ocasiones. Escogido por Dios a petición del pueblo, Saúl conocía la presencia de Dios pero aunque se acercaba al Dios poderoso su corazón estaba lejos y cegado por la avaricia, inclusive la Biblia nos muestra más bien a un hombre atormentado en muchas ocasiones por fuerzas malignas. Estimado lector, meditemos preguntándonos lo siguiente: ¿cómo es mi corazón? Arrepintámonos de nuestros malos caminos y avancemos por el único camino, el de un corazón noble, sencillo y dispuesto para crecer en conocimiento y amistad con Dios.

Otro elemento fundamental es el quebrantamiento: como adoradores debemos vivir en este principio constantemente, la experiencia puede robar este importante fundamento el cual debemos practicar sin cesar, en este punto la sensibilidad por las cosas espirituales es muy necesaria, pues un verdadero adorar es que el que vive quebrantado delante del Padre y el cual sabe escuchar y reconocer Su voz, a través del Espíritu Santo como guiador es posible lograrlo. Es indispensable que estos adoradores quebrantados puedan introducir a otros adoradores a este ámbito pues serán los que levanten una adoración genuina y verdadera en las iglesias y naciones del mundo.

Su palabra declara: Porque lo dice el excelso y sublime, el que vive para siempre, cuyo nombre es santo: Yo habito en un lugar santo y sublime, pero también con el contrito y humilde de espíritu, para reanimar el espíritu de los humildes y alentar el corazón de los quebrantados. Isaías 57:15

Un adorador quebrantado podría describirse como aquel que siente dolor por una humanidad separada del corazón de Dios. Esto me hace recordar que la escritura en Isaías declara que Dios vive en un templo santo, en lo sublime, en lo excelso. El profeta lo enfoca y lo recalca en niveles de altura y gloria, en lo puro, más sin embargo nos aclara que hay otra casa donde también Él puede habitar, y es en el corazón de una persona que anhela conocerle y que muere sino está cerca de su Presencia. Ahora el vivir en Su morada nos hace hijos e hijas de un nuevo pacto, no es lo mismo ser hijo a ser alguien que vive en intimidad con el Padre. Podemos tener papas pero no tener intimidad o amistad con ellos. Con Dios es igual el Padre celestial El que vive para siempre El eterno desea poner de su eternidad en nosotros y revelarnos sus secretos. Esto sucederá cuando haya un quebrantamiento honesto de corazón en un adorador ahí es donde Dios se revela a sus hijos más cercanos.

Otro elemento fundamental es la Humildad: La humildad es el trampolín para tu promoción. Es la plataforma de mayor exposición que utiliza Dios para que seas tomado en cuenta por los demás, es la formación de todo hijo para desarrollar el carácter de Cristo en ellos. Si no somos humildes no podremos estar cerca del corazón de Dios. Cuando te hablo acerca de humildad me estoy refiriendo a una actitud en el corazón y no tanto a una apariencia externa, ¿por qué digo esto?, porque he visto durante mi ministerio a personas que mostraban en apariencia exterior que eran humildes: su manera de vestir, su lenguaje, el vecindario donde residían; sin embargo, cuando llega la hora de las decisiones, del perdón, cuando es el momento de poner en práctica el ministerio de la reconciliación, salta frente a ellos como un gran gigante, un arrogante modo de actuar y contrario a esto, he tenido la dicha de conocer de cerca a otras personas que aunque me daban la impresión de ser orgullosos, o por lo menos ese era la desagradable apreciación con la que me los presentaban, resultaban ser muy humildes y agradables.

¿Es posible que sea nuestro orgullo y arrogancia los que influyen para que juzguemos por las apariencias?

La Biblia declara que Dios mira de lejos al altivo, pero se acerca al humilde de corazón.

El SEÑOR es excelso, pero toma en cuenta a los humildes y mira de lejos a los orgullosos. Salmo 138:6

El ser humano debe ser probado mediante procesos para lograr la humildad. Dios tiene control de todos nuestros movimientos, Él observa y está al tanto de lo que dice nuestro corazón.

Engañoso es el corazón más que todas las cosas, y perverso; ¿quién lo conocerá? Jeremías 17:9

Nosotros como adoradores hijos del Padre que anhelamos conocerle, debemos llegar al punto donde tomemos conciencia de que apartados de Dios en el corazón no somos capaces de funcionar efectiva y adecuadamente. Ser guiados por nuestras emociones sentimientos y pensamientos es un desastre en todo ámbito espiritual y hasta físico, la Biblia nos enseña que el corazón es lo más engañoso y del cual inclusive debemos cuidarnos pues puede causar nuestra muerte espiritual y de nuestro llamado.

Porque donde esté tu tesoro, allí estará también tu corazón. Mateo 6:21

¿Cómo podría existir un corazón humilde, si sus deseos personales son egoístas y piensa en sus propios beneficios? Sería un adorador inconstante y de doble ánimo, si estudiamos los pasajes bíblicos, el corazón nos va a jugar una mala pasada, pues tarde

41

o temprano la caída podría ser inevitable, un adorador así podría derrumbarse y provocar aspectos negativos a su alrededor tanto en su equipo de alabanza en su vida como en su familia. Cuidemos esta área, pues la única manera de garantizar una estabilidad a nuestra vida es re direccionar nuestros deseos y sueños transformándolos por los sueños y los anhelos de Dios, pero para parecernos más a Jesús necesitamos una transformación de una nuestra naturaleza de pecado, egoísmo y arrogancia a una naturaleza divina de arrepentimiento, humildad y quebrantamiento. Es fundamental que nuestra actitud sea humilde, es el comienzo hacia el éxito legítimo de todo ministerio. Nuestra existencia es breve en esta tierra como para desperdiciarla en cosas pasajeras, es breve en comparación a lo que nos espera en el cielo como eternidad, es por eso que debemos vivir en humildad aquí en la tierra. Es bueno pensar en esto constantemente para no aferrarnos a lo superficial de una vida pasajera en vanidades.

Debemos reconocer que muchos de los logros que el hombre y la mujer en el pasado nos dieron en generaciones fueron beneficios; sin embargo, muchos de estos beneficios se han obtenido usando la fuerza, la violencia e incluso trágicas guerras, ¿cuántos de aquellos hombres y mujeres pudiendo esperar no lo hicieron, sino que avanzaron causando daño y destrucción a su paso?

Cuando el hombre tiene un corazón humilde delante de Dios aprende a esperar, no se apresura a querer tomar los primeros lugares y posiciones en todo sino que es manso y sencillo de corazón. El verdadero adorador sabe que quien lo promocionara es el Espíritu Santo a su debido tiempo. Cuando hacemos de la mansedumbre nuestro amigo seremos adoradores que no se impacientan por ver a otros lograr cosas y nosotros por no obtener los resultados esperados en poco tiempo.

Es momento de que nos analicemos y nos veamos a nosotros mismos con una actitud de humildad y preguntarnos con honestidad: ¿hasta qué punto el sueño de mi vida es el sueño del Padre? Y, ¿hasta dónde es el producto de un deseo personal alimentado por el consumismo de las redes sociales y de un entorno violento de mercadeo? Tal vez esto nos ayude a saber en cual posición espiritual y emocional nos encontramos.

¿Muchas veces debe preguntarme: Es posible que el esfuerzo de superación que yo estoy haciendo tenga como motor de empuje una arrogancia disfrazada de un logro personal?

Es probable que a este punto le dediquemos mucho tiempo, más sin embargo me parece que la humildad es un tema sumamente importante en los adoradores pues nos da el sentido de honestidad a nuestro espíritu, ¿Ha conocido usted a alguien que despidieron de su trabajo por orgulloso? O ¿ha sabido de alguna persona que pudo haber llegado más lejos en la vida, pero su arrogancia hizo que la gente que pudo ayudarle se alejara y lo abandonaran? Ese es el detalle de los que Dios desea tratar con nosotros, cuantas cosas nos perdemos por pensar que los demás están mal y yo bien y esto más bien provoca que nos aíslen.

Sé de alguien que era el sello de la perfección y que habitaba en un lugar santo todos los días, pero que un día le permitió a su corazón ser envuelto por las garras del orgullo. Era un personaje que adornaba sus vestidos con oro, esmeralda y muchas preciosas perlas le daban brillo a su elegancia porque así Dios lo había dispuesto, era la voluntad de Dios que ese ángel luciera hermoso: Lucifer, cuyo nombre se deriva del original lux "luz" y fero "llevar", portavoz de luz. Este lucero atraía los ojos del universo hacia él sometiendo a todas las naciones, era un ángel creado por la mano artística del Creador del infinito universo, la Biblia le llama "Lucero de la mañana" (Isaías 14:12).

Claro está que antes de Lucifer no existía el diablo o satanás, entonces cómo es que un ángel que iluminaba a las naciones y que era llamado perfecto pudo caer de la gracia y la protección de Dios.

«Tú eras el sello de la perfección, lleno de sabiduría, y de acabada hermosura»" Ezequiel 28:12

La humildad es la llave que te permite el acceso a la continuidad de todo proceso en tu vida. Podemos venir a Cristo y arrepentirnos de nuestros pecados, nuestro corazón puede incluso ser quebrantado, pero sin el elemento humildad nuestro proceso va a detenerse. Es claro para mí que el orgullo nace en nosotros mismos, no culpemos a nadie por ser altaneros, no digamos que las circunstancias crearon en nosotros la actitud arrogante, la negligencia del corazón es el resultado de una actitud injusta, de la falta de gratitud con Dios y con el prójimo, seamos agradecidos primero con Dios y

"Sino levantamos los ojos pensaremos que somos el punto más alto"

demostremos ese agradecimiento aprendiendo de nuestros hermanos en la fe. Escuchemos y obedezcamos al consejo que viene de otras personas, quizás no sean consejeros que llenen nuestras expectativas o requisitos de preparación académica, pero en el diario vivir siempre tendremos la oportunidad de conocer a alguien o de vivir circunstancias que nos exige ser humildes para continuar nuestro proceso de avanzada como verdaderos adoradores.

"Los árboles cargados de frutos se inclinan hacia el suelo".

45

Cuando dependemos sólo de nuestros talentos y dones nos alejamos de la humildad y nos hacemos fuertes en nuestros alcances, pero eso es incorrecto y muy peligroso, todas las áreas de la vida de un adorador necesitan depender de Dios. Estar lejos de la humildad nos hace vulnerables y la caída es inminente. Los talentos y habilidades son importantes pues ellas nos ministran pero lo que rompe el yugo es la unción y eso solo se adquiere en humildad delante del Padre.

"Sino levantamos los ojos pensaremos que somos el punto más alto". Otro elemento muy importante en un adorador es la obediencia: en este punto deseo ser bien entendido y aunque la obediencia es un principio para el correcto desarrollo de nuestra formación, voy a enfocarme en los que hemos aceptado el reto de dedicarnos musicalmente al servicio de Dios.

La pregunta que expondría aquí es ¿a quién debo ser obediente? Muchos de los lectores posiblemente ya hayan contestado diciendo que por supuesto a Dios o a Su palabra, pero ¿cómo puedo demostrar esa obediencia a un ser espiritual como lo es nuestro Padre celestial? La respuesta es mediante el "sometimiento" lo cual conlleva un respeto a las autoridades que Dios ha establecido en la tierra. No debo engañarme creyendo que soy un adorador, sino mantengo una íntegra línea de respeto a las personas que tienen posiciones de autoridad sanas sobre mí y que aunque sepa que no son perfectos les debo honra y admiración.

Adoración es negación

Ser un adorador como ustedes lo saben es más que ministrar un domingo o en un concierto canciones para o que hablen acerca de Dios, es negación total al 100%, es humillación, una persona que se niega a sí mismo y muere al "yo" lo que encontrara consecuentemente es a Dios mismo, pues Él se acerca a los humildes, contritos y humillados de corazón. Los que servimos en el altar como músicos, cantantes, danzoras, ingenieros de sonido, etc. etc. Tenemos una infinidad de oportunidades para honrar nuestro carácter de adoradores genuinos con este principio.

"Pero la hora viene, y ahora es, cuando los verdaderos adoradores adorarán al Padre en espíritu y en verdad, porque también el Padre tales adoradores busca que lo adoren". Juan 4:23

El texto dice la hora viene y ahora es, el espíritu del adorador se había hecho carne en la persona de Cristo y después de que Jesús le cedió el lugar al Espíritu Santo, para que, "El que vive para siempre" habite en nuestro ser, es cuando se cumple la expresión ahora es el tiempo. La misma identidad de Jesús, que le caracterizaba por ser un hombre humilde que seguía con obediencia el propósito de

Dios, es la que va a ser reflejada y visiblemente identificada por el mundo con el que interactúo, por mi jefe en el lugar de trabajo, por el gobierno cuando no escondo los impuestos correspondientes. La identidad de Cristo en mí, se traduce como obediencia a mi pastor. La Biblia nos explica que Jesús dio su vida voluntariamente, a Él nadie se la arrebató sino que Él dispuso el día, el cómo y a quiénes entregarles Su vida. Eso es un adorador, uno que dispone en voluntad propia porque desea cumplir un propósito de obediencia, adorar es una decisión. Someterse con respeto a las autoridades, es una actitud de un genuino adorador.

Activos en una congregación local

Todo músico cristiano debe participar de las responsabilidades de una congregación o iglesia donde su doctrina sea centrada en la identidad de Jesucristo y estar al lado de un pastor que predique el mensaje de la restauración y la redención que es a través de Cristo resucitado. Debemos ser parte activa, contribuir con la economía de esa iglesia, colaborar con los talentos, servir voluntariamente y con alegría a la visión del pastor local, junto a otros sin competir. Cuando somos miembros activos de una iglesia en nuestra ciudad, es una protección adicional a nuestro ministerio, el testimonio de nuestra conducta y desarrollo diario como músicos es puesto a prueba y educado en la continua interacción con los demás miembros de mi iglesia y por supuesto que con nuestro pastor. Dedicar tiempos cortos de oración por mi pastor y por los propósitos de mi iglesia hace que mi fe crezca y que mi actitud de obediencia sea honesta.

La obediencia es un sometimiento genuino por amor que yo adopto como hijo redimido por la sangre de Cristo y que se logra por una relación con el Espíritu Santo.

Someteos unos a otros en el temor de Dios. Efesios 5:21

El sometimiento es un principio de Dios para sabios. El que teme y se somete a Dios ya puede decir que es sabio.

El temor de Jehová es el principio de la sabiduría; el conocimiento del Santísimo es la inteligencia. Proverbios 9:10

Cierro este capítulo haciendo referencia a lo que nos dice Romanos 13:1-2

"Sométase toda persona a las autoridades superiores, porque no hay autoridad que no provenga de Dios, y las que hay, por Dios han sido establecidas. De modo que quien se opone a la autoridad, a lo establecido por Dios resiste; y los que resisten, acarrean condenación para sí mismos"

LUIGI CASTRO

Capítulo 4

Adoración: Un Estilo De Vida

E s necesario modelar una vida de adoración en todo aspecto de nuestra vida, no sólo en el templo.

Canta lo que vives, vive lo que cantas

Que importante como adoradores es modelar en lo público lo que se vive en lo privado, a esto llamo fruto, más sin embargo no podemos hacer algo en público con efectos eternos, si no se ha practicado primero en lo privado, para eso necesitamos primero ser transformados cambiados por el Espíritu Santo, será la única manera en nuestra vida de reflejar verdaderamente el carácter de Cristo al mundo. La Biblia nos habla de que el vino nuevo no puede ser derramado sobre odres viejos, el odre viejo (costumbres, rutinas, religiosidad y demás obstáculos) deben ser triturados en el molino de Dios a través de su palabra.

Si el vino nuevo es derramado sobre odres viejos, el odre se quebrará y el vino nuevo se desperdiciará.

Es necesario que los que anhelemos su presencia como adoradores seamos pasados por el molino de Dios y regenerados en odres nuevos, la única manera es a través de una relación con el Espíritu Santo y esta será en fuego y aceite. Para restaurar un odre se necesitaba aceite sin aceite no se podía restaurar un odre viejo. El aceite tipifica la unción de Dios su presencia sentida sobre una vida.

La adoración no se basa sólo en un talento, ni en un tiempo de música antes de la palabra los domingos en los templos solamente, la adoración se fundamenta en un resultado de nuestra vida en sometimiento al Padre todos los días. Es por eso que el odre viejo (nuestras vidas) deben ser restauradas, es así como el vino nuevo no se desperdiciara.

Requiere de nuestro compromiso y persistencia en vivir una vida conforme a los mandamientos y principios bíblicos. Es necesario entregar nuestras malas actitudes y crucificarlas en la Cruz del Calvario todos los días, aún más nuestro temperamento y pensamientos contrarios a la voluntad de Dios.

Cuando logramos entender y recibir la revelación del vivir una vida en adoración, vemos nuestros ministerios musicales en otro nivel. La verdadera adoración se manifiesta en nuestro diario vivir y nos confronta con el hecho de que estamos hechos conforme al crecimiento de una relación con Dios, así será la adoración que podamos brindarle de regreso a Él. Nuestros actos hablan más que las palabras.

Esta adoración se ve probada en el diario vivir, enfrentando problemas y dificultades comunes del ser humano, es únicamente con ayuda del Espíritu Santo que podremos lograr ofrecer una adoración aceptable a Dios. El salmista David decía: "No daré sacrificio a Dios que no me cueste" (1 Crónicas 21:24). Lo que no cuesta no se aprecia.

Cuando damos adoración a Dios sin sacrificio, la ofrenda puede ser rechazada. El sacrificio principal no son solo nuestras ofrendas físicas o aquello que podamos darle a Dios, sino un principalmente un corazón quebrantado, esto es diario y continúo.

Tu estilo de vida te llevará tan lejos como tu carácter lo permita, y tu adoración será tan profunda como tu estilo de vida lo refleje.

Los hijos de Leví fueron separados del ministerio por no vivir una vida de temor a Dios, se acostumbraron a vivir en el templo y perdieron la santidad y el deseo de agradarle, por esa razón fueron destituidos y en su lugar se levantó una generación diferente, con temor y conciencia de la presencia de Dios a través del joven Samuel. Samuel aprendió obediencia y vivió conforme a la vida que Dios nos pide, al punto de que Dios mismo lo llama y escucha su voz diciendo "heme aquí".

Nuestra adoración no debe estar entonces basada solamente en experiencias pasadas, ni en la experiencia vivida por otra persona. Dios desea tener comunión con nosotros, una experiencia fresca y personal diariamente.

Muchas veces pasamos desapercibido el hecho que de que el Espíritu Santo nos desea revelar a Jesús. Muchas ocupaciones o aun nuestra agenda ministerial nos puede distraer de la relación personal que debemos tener con el Padre, ese debe ser nuestro estilo de vida, algo que se debe convertir en nuestro diario vivir.

Miremos el caso en la Biblia de Marta y María en Lucas 10: 38-42. Marta estaba tan ocupada tratando de servir a Jesús que no se dio cuenta que no era lo más importante, en contra parte para María su prioridad era su tiempo a los pies del maestro; sus fuerzas y sus pensamientos tenían un motivo: Jesús.

Lucas 10:27 nos dice: "Amarás al Señor tu Dios con todo tu corazón, con toda tu alma, con todas sus fuerzas y con toda tu mente".

"Solo una cosa es necesaria y María escogió la mejor parte, la cual no le será quitada", afirmó Jesús a Marta.

En Mateo 7:21-23 podemos notar que lo único que prevalecerá será Su palabra y lo que atesoramos de ella, no lo que hicimos por Dios, ni el llamado, ni la posición, ya que todo esto pasará.

En Apocalipsis 2: 2-4 somos exhortados a regresar al primer amor ya que lo hemos abandonado. Podemos cantar, danzar y hacer todo muy bien, pero nuestro corazón puede estar lejos de Dios. El alejarnos de la presencia de Dios, inclusive sin darnos cuenta, nos hace personas con corazones duros y hasta rebeldes.

Hebreos 12 nos declara: "mirad hermanos que no haya en ninguno de vosotros corazón malo de incredulidad para apartarse del Dios". Somos cristianos, pero sin fruto, caemos en la rutina, en lo cotidiano, sin expectativa y por consiguiente criticones y hasta incrédulos.

Lucas 13:6 nos narra la historia de un hombre que se conformó y que descuidó dar fruto en lo que Dios había entregado en su mano: "Tenía un hombre una higuera plantada en su viña, y vino a buscar fruto en ella y no lo halló, y dijo al viñador: He aquí, hace tres años que vengo a buscar fruto en esta higuera y no la hallo. ¡Córtala! ¿Para qué inutiliza la tierra? Él, entonces respondiendo, le dijo: Señor, déjala todavía este año, hasta que yo cave alrededor de ella y la abone, y si diere fruto, bien y si no, la cortarás después".

Este es un claro ejemplo del descuido como resultado de la indiferencia y la comodidad. Cuando te alejas de este principio de vivir en adoración y dar fruto eres más propenso a ofenderte por todo y con todos, te aíslas, y te confundes rápidamente dudando inclusive de tu propósito o llamado en Dios, en otras palabras te enfrías. El Señor dice: "Yo conozco tus obras, que no eres frío, ni caliente, pero por cuanto eres tibio, y no frío ni caliente, te vomitaré de mi boca." Apocalipsis 3:15-21

El estar avivados en Dios debe ser una responsabilidad y a la vez un privilegio de cada hijo de Dios. Así también fue aconsejado Timoteo en 2 Timoteo 1: 6 -7 "Por lo cual te aconsejo que avives el fuego del don de Dios que está en ti".

Es necesario e imperante amado lector que volvamos a la esencia del primer amor y que nuestra adoración sea nuestro estilo de vida siempre.

Capítulo 5

Adoración Que Transforma

Al referirme a adoración que transforma, hablo de aquella adoración que no está basada en cuatro paredes, en aspectos religiosos litúrgicos o encajonada en una idea de cómo debemos realizarla, cada iglesia cada líder tendrá una idea de cómo hacerlo para su comunidad o iglesia que Dios le entrego, no se trata de una competencia de ver quien es mejor o quien graba más y suena más sino todo lo contrario, es un conjunto de ideas y revelaciones que conforman el reino de Dios para una ciudad y nación, si estamos divididos en dogmas y formas no podremos concentrarnos en el fondo y contenido de un mismo objetivo como iglesia. Es fundamental revisar nuestros objetivos personales y cambiarlos por los planes y propósitos de Dios, es importante y necesario que la manifestación de los hijos de Dios a través de la adoración se haga ver en nuestras naciones para un cambio efectivo que solo en la espiritual se podrá lograr, es aquella adoración a nuestro Dios, constituida en la poderosa enseñanza que Jesús nos dio en Mateo 28:19:

"Por tanto id, y haced discípulos a todas las naciones, bautizándolos en el nombre del Padre y del Hijo y del Espíritu Santo"

57

Creo firmemente que es el tiempo de salir y llevar el mensaje de las buenas nuevas a través de la música en adoración a todo el mundo. Salir con nuestra adoración a las calles es un arma poderosa en contra del enemigo. Comencemos recordando qué produce nuestra adoración verdadera como estilo de vida cuando la presentamos ante nuestro Dios:

Primer aspecto importante es que produce libertad. La adoración provoca libertad en el ambiente, la luz hace que las tinieblas retrocedan. Dice Su palabra que Él habita en medio de la alabanza de su pueblo, en donde estemos, en cualquier lugar, si un hijo de Dios se propone adorarle Dios está ahí, y donde está el Espíritu de Dios, allí hay libertad.

Segundo aspecto Se manifiesta el poder de Dios. Se desata el poder sobrenatural de Dios en nuestra adoración, es ahí donde el momento preciso se manifiesta para producir milagros y el Espíritu Santo es glorificado. El poder de Dios se manifiesta cuando hay fe y honra. La honra tiene que ver con exaltación y admiración, y eso produce una reacción natural de Dios ya que el deseo del Padre es manifestarse en sus hijos, ser real y personal en la vida del hombre.

Tercer aspecto habrá verdadera paz. La paz que el mundo no puede dar, sólo Dios la puede dar. A través de Su manifestación, Dios nos da paz, pero para eso debemos buscarle en adoración intensamente, sólo ahí habrá verdadera paz. Dios desea que le busquemos y le anhelemos desesperadamente, ahí es donde los miedos se van y tomamos fuerzas nuevas. Dios es quien desea dar paz al mundo, pero es a través de sus hijos que deben manifestarse en la creación y llevar así el mensaje del Reino de Dios, y si no tienes paz en tu vida por cualquier circunstancia difícil, recíbela ahora mismo en el nombre de Jesús.

Dios desea producir estos mismos resultados que pasan en el templo y en nuestras vidas en las calles y ciudades de nuestros países. El concepto es el mismo, aplicado cuando Jesús muere en la cruz y el velo del templo fue rasgado, ya no había intermediarios entre Dios y los hombres. Fue a través de Su muerte y resurrección que restituyó el libre acceso a la presencia del Padre. Ya no hay frontera entre el Padre y sus hijos, cada uno puede acceder a ese lugar que está reservado para aquellos que desean de corazón acercarse; ya no es un lugar exclusivo para cierta gente de posición, sino que es una actitud del corazón, una decisión personal e íntima, y esto hará nacer en nosotros el palpitar del Padre pues Su negocio son las almas, y el deseo de ir por las personas que no conocen de Cristo florecerá en nosotros.

La compasión que Jesús sintió, y por la cual fue movido a misericordia por los demás fue el más grande ejemplo de amor y que nos confronta hoy en día con la siguiente verdad que yo llamaría:

Adoradores transformados para transformar al mundo

La Biblia nos enseña este gran mandato en Marcos 16:13-19:

13 Ellos fueron y lo hicieron saber a los otros; y ni aun a ellos creyeron.

14 Finalmente se apareció a los once mismos, estando ellos sentados a la mesa, y les reprochó su incredulidad y dureza de corazón, porque no habían creído a los que le habían visto resucitado.

15 Y les dijo: Id por todo el mundo y predicad el evangelio a toda criatura.

17 Y estas señales seguirán a los que creen: En mi nombre echarán fuera demonios; hablarán nuevas lenguas;

18 tomarán en las manos serpientes, y si bebieren cosa mortífera, no les hará daño; sobre los enfermos pondrán sus manos, y sanarán.

19 Y el Señor, después que les habló, fue recibido arriba en el cielo, y se sentó a la diestra de Dios.

20 Y ellos, saliendo, predicaron en todas partes, ayudándoles el Señor y confirmando la palabra con las señales que la seguían, Amén.

Los adoradores por medio de la transformación de sus vidas tienen poder de Dios para darlo a los que lo necesitan. Un adorador verdadero no se lo deja para sí, más bien lo que sabe lo comparte y de gracia da lo que de gracia ha recibido. Cuando escuchemos la voz de Dios, escucharemos de seguro los latidos por las almas.

Es mi oración que al leer este capítulo, amado lector, usted y yo podamos ser adoradores en todo lugar, en todo momento y en toda circunstancia.

Que podamos salir de un esquema cuadriculado y accionemos lo que por tanto tiempo hemos escuchado y aprendido de la palabra de Dios a lo largo de los años. Cuando somos adoradores, no podemos quedarnos de brazos cruzados viendo a los demás con necesidades, algo debemos y podemos hacer por nuestra nación o ciudad.

Somos una iglesia rescatada para rescatar, somos hijos restaurados para restaurar, por lo que existen varias asignaciones fundamentales:

Primera asignación:

Ser luz. Un adorador será luz en su casa, en su familia, en su entorno y en su nación.

"Vosotros sois la luz del mundo; una ciudad asentada sobre un monte no se puede esconder. Ni se enciende una luz y se pone debajo de un almud, sino sobre el candelero, y alumbra a todos los que están en casa. Así alumbre vuestra luz delante de los hombres, para que vean vuestras buenas obras, y glorifiquen a vuestro Padre que está en los cielos". Mateo 5:14-16

Segunda asignación:

Reconciliar al mundo con Dios. Un adorador es reconciliador, un puente de bendición. ¿Cuál fue el propósito de la venida de Jesús a la tierra? Nunca fue promover su ministerio personal ni conseguir seguidores para Él mismo, su propósito fue salvar vidas de la muerte espiritual, reconciliar al hombre con su Creador, atraer el reino de su Padre a las generaciones de la tierra. Aquí es donde entendemos cuál es el verdadero Reino de Dios en la tierra y para qué vino.

Ahora cabe esta pregunta:¿Qué verdaderamente es el Reino de Dios entre nosotros y en qué consiste básicamente?

El Reino de Dios consiste en libertad, vida, poder y autoridad. Autoridad en los hijos de Dios para llevarlo al mundo a cada criatura, de aquí se deriva el tercer e importante propósito.

Tercera asignación: Poder de Dios para liberar a los cautivos. Ésta es la unción sobre los adoradores. En esta palabra entendemos cuál fue este propósito principal de Jesús en la tierra y de cada adorador.

El Espíritu de Jehová el Señor está sobre mí, porque me ungió Jehová; me ha enviado a predicar buenas nuevas a los abatidos, a vendar a los quebrantados de corazón, a publicar libertad a los cautivos, y a los presos apertura de la cárcel; a proclamar el año de la buena voluntad de Jehová, y el día de venganza del Dios nuestro; a consolar a todos los enlutados; a ordenar que a los afligidos de Sion se les dé gloria en lugar de ceniza, óleo de gozo en lugar de luto, manto de alegría en lugar del espíritu angustiado; y serán llamados árboles de justicia, plantío de Jehová, para gloria suya. Reedificarán las ruinas antiguas, y levantarán los asolamientos primeros, y restaurarán las ciudades arruinadas, los escombros de muchas generaciones. Y vosotros seréis llamados sacerdotes de Jehová, ministros de nuestro Dios seréis llamados; comeréis las riquezas de las naciones, y con su gloria seréis sublimes. En lugar de vuestra doble confusión y de vuestra deshonra, os alabarán en sus heredades; por lo cual en sus tierras poseerán doble honra, y tendrán perpetuo gozo. Isaías 61-7

Éste también fue el propósito para sus hijos y la iglesia. Aquí vemos que los hijos de Dios, aquellos adoradores que entienden su posición en Cristo, saben que son llamados para cosas grandes.

"De cierto os digo: El que en mí cree, las obras que yo hago, él las hará también; y aún mayores hará, porque yo voy al Padre. Y todo lo que pidiereis al

Padre en mi nombre, lo haré, para que el Padre sea glorificado en el Hijo. Si algo pidiereis en mi nombre, yo lo haré. Si me amáis, guardad mis mandamientos" Juan 14: 12-15

¿Cuándo y cómo lograremos el poder de Dios en nuestras vidas para salir al mundo?

A través del glorioso Espíritu Santo. Una vida consagrada para Dios recordemos que no significa exactamente una vida perfecta, sino una vida entregada al arrepentimiento y sumisión de Su Palabra. La Biblia declara:

"Y yo rogaré al Padre, y os dará otro Consolador, para que esté con vosotros para siempre: el Espíritu de verdad, al cual el mundo no puede recibir, porque no le ve, ni le conoce; pero vosotros le conocéis, porque mora con vosotros, y estará en vosotros. No os dejaré huérfanos; vendré a vosotros". Juan 14:16-18

Sólo a través de una relación honesta con el Espíritu Santo y la fe, podremos lograr el poder de Dios en nuestras vidas para testimonio de Su gloria al mundo entero. Ahora, ¿qué puede impedir esta relación y revelación del por qué recibimos unción y poder en Dios? Puedo considerar varios aspectos importantes, entre ellos están:

Indiferencia, la indiferencia en un adorador es peligrosa, es la apatía, rutina, falta de interés o compromiso con Dios, nuestro llamado y con la iglesia o tarea asignada, dichos obstáculos debemos rechazar y luchar en contra de ellos todos los días. Miremos el caso de Jesús nuevamente: la compasión por la gente movió su corazón. No hubo apatía

"Vino a él un leproso, rogándole; e hincada la rodilla, le dijo: Si quieres, puedes limpiarme. Y Jesús, teniendo misericordia de él, extendió la mano y le tocó, y le dijo: Quiero, sé limpio". Mateo 1:40-41

Jesús comparó el reino de Dios como un reino en acción de la siguiente manera:

"Pero él, queriendo justificarse a sí mismo, dijo a Jesús:

¿Y quién es mi prójimo? Respondiendo Jesús, dijo: Un hombre descendía de Jerusalén a Jericó, y cayó en manos de ladrones, los cuales le despojaron; e hiriéndole, se fueron, dejándole medio muerto. Aconteció que descendió un sacerdote por aquel camino, y viéndole, pasó de largo. Asimismo un levita, llegando cerca de aquel lugar, y viéndole, pasó de largo. Pero un samaritano, que iba de camino, vino cerca de él, y viéndole, fue movido a misericordia; y acercándose, vendó sus heridas, echándoles aceite y vino; y poniéndole en su cabalgadura, lo llevó al mesón, y cuidó de él. Otro día

al partir, sacó dos denarios, y los dio al mesonero, y le dijo: Cuídamele; y todo lo que gastes de más, yo te lo pagaré cuando regrese. ¿Quién, pues, de estos tres te parece que fue el prójimo del que cayó en manos de los ladrones? Él dijo: El que usó de misericordia con él. Entonces Jesús le dijo: Ve, y haz tú lo mismo".
Lucas 10:29-37

"Id, pues, y aprended lo que significa: Misericordia quiero, y no sacrificio. Porque no he venido a llamar a justos, sino a pecadores, al arrepentimiento".

Mateo 9:13

Es necesario que los adoradores nos levantaremos a tomar la posición que nos corresponde como hijos de Dios y levantemos bandera en medio de una sociedad muchas veces escéptica, individualista y egoísta, que con muchos sufrimientos están sin rumbo y sin saber por qué nacieron. Usted y yo podemos ayudarles llevando este mensaje a todo lugar, a toda ciudad, y a toda nación.

*"Nuestra adoración a Dios es más que
un aspecto musical, es el resultado de la
gratitud y obediencia que le debemos a Él"*

LUIGI CASTRO

Capítulo 6

No Se Trata De Música

Alguien me dijo hace tiempo atrás esto: "¿De qué vale hacer tanta promoción y anuncios y llegar a los primeros lugares en las radios, si al final no te invitan a eventos importantes?" Pero la pregunta primordial que debemos plantearnos es ¿de qué dependemos más hoy en día: de eventos, invitaciones, publicidad, o de lo que Dios nos dice que debemos hacer?

Si él te habla debes descansar en saber que Él es quien maneja todo y bajo su control nada se le escapa.

La adoración, más allá de eventos, conciertos y demás actividad en una agenda, simplemente hacer música en un estudio, grabarla en un CD y venderla viajando de gira en gira, es un trabajo una función pero no tu llamado, nuestro llamado es conocer a Dios primero, Él se encargará del resto, va más allá, es un nivel espiritual y no todos lo entienden. Inclusive, el éxito de un ministro o adorador no se mide por el grado de popularidad que éste tenga o por el volumen de ventas de sus producciones musicales.

Es muy importante no medir el ministerio en estos parámetros, cada uno tiene un lugar en el Reino de Dios, el cual debe ocupar y si bien es cierto que algunos han recorrido un largo trayecto, nuestra competencia no proviene de los demás, debe venir de arriba y es ser como Cristo, ganar almas, sanar enfermos y libertar cautivos, guiar a su pueblo a tener un encuentro real con su Padre y que vivan sumergidos en Su Presencia, es el fin y propósito de lo que hacemos.

Llenar lugares o recibir premios está bien, pero no debe ser nuestra meta final y primordial. Los que hacen música sólo llegarán a las emociones, los adoradores cambian e impactan vidas.

¿Quiénes son esos adoradores? Los adoradores son aquellos instrumentos que Dios utiliza para llevar a su pueblo a un nivel más alto de intimidad con Él. Te revelan el corazón del Padre a través de la ministración y la palabra profética y te hacen tener experiencias con Dios a través de su predicación y de la unción que ha sido derramada sobre ellos por subir al monte a conocer al Dios que ministran.

No es cuestión sólo de música. El hecho de cantar música cristiana no te hace un adorador en espíritu y verdad, eso se vive y se establece con el paso del tiempo, atravesando las circunstancias y siendo perseverantes, es como un fuego que te lleva a no ser sólo músico, compositor o cantante, sino que te eleva a un nivel superior, te lleva a la humildad más alta de reconocer que si no eres un adorador en la intimidad, no lo serás genuinamente en lo público.

La música es sólo un vehículo, el cual utilizamos para poder llegar a los corazones con el mensaje de Jesús, pero no nos podemos quedar solamente ahí, más que música debemos buscar el nivel profético en donde con la música revelamos el corazón del Padre a sus hijos en un mensaje de amor y consuelo, así como de exhortación y ánimo. Los adoradores debemos buscar intensamente ese nivel.

Nuestra adoración a Dios es más que un aspecto musical, es el resultado de la gratitud y obediencia que le debemos a Él.

La música en los adoradores es un medio por el cual podemos conectar a sus hijos con su Creador, es un vehículo que abordamos para luego llegar al destino que es Jesús. Nunca debemos hacer que nuestra música sea guiada a nosotros, debemos dar a conocer a Jesús como el Creador, no al hombre en sí mismo. Recordemos que Lucifer fue expulsado por querer ser semejante a Dios. Dios nos dio el privilegio de ser sus hijos, pero no de ser con Él. Al ser expulsado Lucifer y la tercera parte de los ángeles con él, se desató una lucha por desfigurar uno de los baluartes que Dios había creado que fue la adoración a través de la música. Hoy en día por eso vemos el caso de músicos que desean atraer la atención hacia ellos y no hacia Dios, su dios es la fama, el dinero y el reconocimiento, ya que son estrategias que el enemigo utiliza para desviarnos de a quien realmente debemos rendir nuestra adoración. El enemigo busca adoración para él y robarle a Dios lo que le pertenece que es su gloria.

Hoy en día, el enfoque de mucha música, inclusive cristiana, está basado en ritmo, profesionalismo y modernismo, más no en la Presencia y honra a Jesús. Es ahí el peligro que se corre de desviar la atención de Dios hacia el hombre. Nuestro trabajo como ministros en la música es llevar esa atención de la tierra al cielo y que los hombres vean quién es Dios, sus obras, su grandeza, Su amor, Su gracia, Su perdón, en otras palabras, la Cruz, el sacrificio que Jesús hizo por los hombres para perdonar sus pecados y así acercarse a Él.

La adoración verdadera tiene que ver más con la obediencia a la palabra que a los sacrificios. Muchas veces le damos a Dios música, mas no obediencia, le damos conciertos, mas no el corazón, y nos envolvemos en ministerios que a la larga desaparecen porque no fueron bien fundamentados.

Es necesario para ampliar este punto, analizar varios conceptos que deseo compartirte:

Renuncia a tus deseos personales de reconocimiento: entrégale en tu música toda honra y gloria a Dios y desaparece tú del cuadro. No toquemos a su novia, la iglesia, recordemos que fue comprada a precio de sangre en la cruz del calvario y el Padre es su esposo.

Haz todo para lograr llevar la atención hacia Jesús: me asombra observar a muchos que lograron ciertas posiciones en el mundo cristiano hacer ver con actitudes que solo ellos pueden tener ciertos privilegios en Dios y no es así, cada uno de nosotros somos escogidos por Dios para manifestar Su Reino a la tierra y tenemos tareas y asignaciones diferentes, aunque parezcan las mismas, por eso no menospreciemos a nadie.

Fortalece tu relación con ministerios humildes, ministerios pasados por el horno de Dios que nos hagan poner los pies sobre la tierra. No estés donde todo es adulación y aplausos, donde forman de ti una imagen equivocada haciéndote creer eres la súper nova del evangelio, eso es destructivo. Sé humilde y vive esa humildad día a día, deja que Dios brille en ti.

Adoración verdadera vs fuego extraño

La Biblia está llena de ejemplos de adoración no aprobada y de fuego extraño al Señor por parte de pueblos paganos, pero también de adoración del pueblo de Dios, la cual fue una abominación al Señor por violar los principios de autoridad y sujeción del reino. Veamos algunos ejemplos:

Génesis 4:4-7. Dios aceptó la ofrenda de Abel y rechazó la de Caín. En el verso 7 se nos da la razón del rechazo "mal vivir; el pecado". La ofrenda y la adoración pueden ser rechazadas por Dios cuando el ofrendante vive mal.

Levítico 10:1-2. Nos narra el pecado de Nadab y Abiú, hijos de Aarón. Ellos eran sacerdotes y ofrecieron a Dios incienso. Es curioso, pero el Señor lo rechazó y los castigó con la muerte. La explicación vino en la Palabra; ofrecieron fuego extraño que Él nunca les pidió.

I Samuel 13. Este pasaje narra los momentos en que Saúl usurpa el lugar de Samuel como sacerdote para dar a Dios ofrendas ante la tardanza del profeta Dios a través de Samuel, censura al Rey y le decreta el fin de su reinado. Su adoración violó los principios, por tanto su adoración y sus ofrendas se volvieron abominables ante Jehová.

¡Un mal corazón, aunque en una adoración excelente, anula el poder de una buena ofrenda!

El libro de Génesis nos narra en el capítulo 3 la caída de Adán y Eva en la tentación de la serpiente. Muchos libros se han escrito sobre el tema para determinar quién fue realmente el culpable. Se ha dicho de todo, pero poco se ha hablado de que la caída se debió al afán del hombre por ser independiente de Dios.

El hombre no pecó o cayó porque fue tentado; fue tentado y pecó porque salieron de la cobertura y

"La caída del edén:
sinónimo de independencia"

protección del Reino de Dios. Adán y Eva cayeron porque se salieron del ámbito de gloria en el cual habían sido creados. Siguieron viviendo en la tierra, más sin embargo las consecuencias persisten hasta hoy.

¡Independencia de Dios es rebelión! Cuando hacemos nuestra voluntad y no le consultamos a Él, cuando ofrecemos música en adoración que no tiene fundamento en la honestidad y sinceridad de nuestro corazón ante Dios se vuelve solo eso música. Ser un ministerio independiente puede implicar peligros aún de pecado.

La independencia de Dios y de su autoridad delegada sólo anticipa la caída y es evidencia de la necesidad que tiene un hombre de ser guiado y sanado de la aflicción de un espíritu de rebelión. Santidad, rectitud y obediencia son parte de la "adoración en espíritu y verdad" que busca el Padre Celestial. David lo escribió de esta forma:

"¿Quién subirá al monte de Jehová? ¿Y quién estará en su lugar santo? El limpio de manos y puro

"Adorar no es solo cantar de Dios, es un nivel más profundo"

de corazón; el que no ha elevado su alma a cosas vanas, ni jurado con engaño. Él recibirá bendición de Jehová, y justicia del Dios de salvación" Salmo 24:3-5

Y Samuel dijo: ¿Se complace Jehová tanto en los holocaustos y víctimas, como en que se obedezca a las palabras de Jehová? Ciertamente el obedecer es mejor que los sacrificios, y el prestar atención que la grosura de los carneros. Porque como pecado de adivinación es la rebelión, y como ídolos e idolatría la obstinación. Por cuanto tú desechaste la palabra de Jehová, él también te ha desechado para que no seas rey". I Samuel 15:22-23

Como adoradores debemos estar dispuestos al proceso de extracción y trituración, al horno de Dios donde seremos formados. Es la escuela del aprendizaje, necesaria e importante para formar nuestro carácter en Cristo. Adorar no es solo cantar de Dios, es un nivel más profundo.

La adoración por muchos años se asoció a sólo cantar, pero ya sabemos que no se trata únicamente de música. Adorar a Dios es algo mucho más profundo, es colocarlo como la prioridad en nuestras vida, el Señor y dueño de todo nuestro ser, es situar a Dios en el centro de nuestro corazón. Adorar es amar a Dios y guardar sus preceptos.

La adoración debe ser toda nuestra vida, no sólo una actividad musical de un día o de un rato.

El cantar o tocar un instrumento para Dios sí puede ser una manifestación de adoración, pero es sólo eso: una manifestación que empieza y termina. La adoración, en cambio, debe ser algo constante, la adoración no tiene fin. Permítanme plantearles dos escenarios hipotéticos:

Primer cuadro: pensemos en un cantante cristiano. Imaginen que se ve agradable de apariencia, tiene una vestimenta "linda", normal. Imaginen que realiza un concierto. Imaginen que está cantando canciones cristianas, pero en su interior está pensando en lo que recaudará del concierto, está pensando en lo hábil que es para hacer negocios, en lo carismático que es y en lo bien que canta. Este cantante, entonces, no está alabando a Dios cuando canta (por más cristianas que sean las canciones de su concierto), sino que está poniendo como su dios al dinero y a él mismo.

Segundo cuadro: Ahora imaginen un cantante de una banda de rock. Es el vocalista de una famosa banda. Tiene el pelo teñido, tiene una postura rebelde. El cantante compone canciones que no tienen relación con la alabanza, sino que hablan de su interior, de sus emociones, de la sociedad, de sus impresiones, etc. Imaginen que hace un concierto. Imaginen que también cobró por las entradas (tal vez son un poco más baratas que las del "cantante cristiano" incluso), pero él antes de empezar el concierto reza y le da gracias a Dios por permitirle hacer lo que ama. Mientras canta y después de cantar, está muy contento porque sabe que Dios le permitió llegar hasta la cima y lograr el sueño de su vida que era realizar un concierto con una gran audiencia.

¿Cuál de los dos adoró a Dios, el vocalista de la banda rock o el cantante cristiano?

Dios pide como prioridad que le amemos. Dios nos pide que Él sea lo más importante en nuestra vida, y no sólo lo que hacemos por Él, como música o ministrar, sino verdadera adoración del corazón. No es sólo trabajar para Dios, sino hacerlo con Dios. Les dejo algunos versículos relacionados con este importante concepto:

Y al saber que el Señor había puesto su atención en ellos y que había visto cómo sufrían, se inclinaron en actitud de adoración. Éxodo 4,31

Después el rey Ezequías y las autoridades ordenaron a los levitas que alabaran al Señor con los salmos de David y del profeta Asaf. Y ellos lo hicieron con mucha alegría, y también se arrodillaron en actitud de adoración. 2 Crónicas 29,30

Una verdad que nos hace ver por qué no somos efectivos muchas veces en nuestros tiempos de adoración pública es porque estamos centrados en la forma y no en el contenido de lo que hacemos.

El apóstol Pablo lo presenta de esta manera:

"...Así que, hermanos, os ruego por las misericordias de Dios, que presentéis vuestros cuerpos en sacrificio vivo, santo, agradable a Dios, que es vuestro racional culto..." Romanos 12:1

Y nos describe qué es adoración. Una de estas palabras claves es "presentéis vuestros cuerpos" se define como un todo, no únicamente la dimensión física del ser humano, sino las tres dimensiones con las que Dios nos creó: que son espíritu, alma y cuerpo. Con lo anterior, Dios establece de qué dimensiones requiere adoración, es decir, de todo nuestro ser.

El espíritu: Es la Dimensión del hombre que nos da acceso al mundo espiritual. Debes comprender que todo lo que sucede en el mundo natural es efecto de lo que sucede en las regiones celestes. Todo lo que sucede en tu vida tiene un principio espiritual y será manifestado en el mundo natural (acción –efecto)

El ámbito del alma: Es la Dimensión del hombre donde se encuentran las emociones y la voluntad. Es como la antena entre el mundo físico y el mundo espiritual que no vemos.

El ámbito físico o del Cuerpo: es el ambiente tangible del hombre. Contiene cinco puertas que perciben el mundo natural. Éstas son los cinco sentidos. Este ámbito debe estar sujeto al alma, que a su vez se somete al espíritu del hombre, el cual está sujeto al Espíritu de Dios. Estos ámbitos cuerpo y carne tienden por naturaleza al pecado.

Ya definido una vez este campo de batalla en la adoración continuemos con el pasaje.

Este "sacrificio vivo" descrito por el apóstol nos revela la acción de hacer morir constantemente durante nuestra vida todas las obras de la carne, los deseos e intenciones del corazón y la renovación

continua de nuestro espíritu por la palabra de Dios.
Este sacrificio nos lleva a experimentar una muerte
obligatoria de nuestra naturaleza pecaminosa y nos
hace gozarnos en el principio de que gracias al
Espíritu Santo y su gracia a través de Jesús somos
aceptos en El amado. Este sacrificio que debemos
hacer en nuestras vidas podemos desglosarlo así:

Un sacrificio santo" dirigido a Él no acomodado
al sistema del mundo con lo cual otorga en nosotros
la santidad con la cual veremos al Señor

Un Sacrificio agradable" esto tiene que ver con el
fruto del cual la vid desprende arraigados a la planta
daremos el fruto que hará notar en nosotros que
somos hijos de Dios.

Que es vuestro culto racional". Tiene que ver con
nuestra adoración al Dios vivo rendidos y humillado
a Él constantemente en adoración.

Esta verdad deberá reformar tu manera de
concebir la adoración, así en cada circunstancia,
camino y decisión de tu vida lo que hacemos entonces
agrada a Jesús en todo sentido. Ya no dependeremos
de nuestras formas o expresiones con habilidades o
instrumentos en un escenario muy elaborado sino
que también y de forma principal, dependeremos de
los frutos que demos delante de Dios y de los demás
como nuestro culto racional.

Cuando comprendas esto experimentarás un salto extremo en tu adoración a Dios. Cuando ministres en el altar presentarás lo que eres y no lo que haces. Adoración genuina al Rey de reyes y Señor de señores Jesucristo, esto es más que un don o un talento.

Recuerdo cuando hace muchos años no entendíamos bien el concepto de nuestro llamado en la adoración, nos dejábamos llevar por el simple hecho de hacer música para Dios, mensajes de ánimo y mucho más y eso era bueno, pero cuando fuimos entendiendo que Dios desea algo más profundo que hacer música, simplemente conocimos el punto de morir a nuestro yo e hicimos lo que a Dios le agrada. El mundo tiene un modelo de lo que es y para lo que sirve la música; sin embargo, recordemos para qué fue creada la música y por quién. Dios creó la música e hizo seres que se encargaron de hacer música en el cielo la cual servía para la adoración. Su objetivo fue la adoración.

La música tiene un sentido espiritual, por eso puede afectar más allá de las emociones; sin embargo, lo que más se ha tergiversado en ella es su función y finalidad. ¿Para quién es nuestra música y con qué propósito? Nuestra música debe ser dirigida a Dios con el propósito de adorarle a Él. Los demás verán esto y creerán.

Ahora, existe un nivel más alto. Cuando adoramos a Dios, Él desea manifestarse a nosotros, revelando sus planes y su corazón a aquellos que le buscan desesperadamente. Es ahí donde el nivel profético en la música es activado en los adoradores y nuestra música se convierte en un canal para que la voz de Dios se haga escuchar.

El nivel profético que debemos procurar y alcanzar, más allá de cantar y hacer buena música, es la manifestación de su presencia en cada reunión, en cada evento y en cada vida, obrando milagros y acontecimientos sobrenaturales.

Recordemos que los profetas eran videntes de Dios, ministros suyos, sacerdotes que hacían escuchar la voz de Dios al pueblo en amor, exhortación, ánimo y consolación. Para esto, el canal donde fluía su voz debía estar limpio de todo prejuicio, orgullo y pecado. El profeta en la música debe estar en la búsqueda constante de la presencia de Dios, anhelando escuchar su voz, debe tener humildad y sencillez de corazón y ser un hombre o mujer puros, moldeables por las manos de Dios.

No digo que todos debemos ser profetas, sino procurar profetizar, traer el mensaje de Dios, la revelación de lo que Él desea hacer y así ver su gloria manifestada en sanidades, salvación, restauración y llenura del Espíritu Santo.

Cuando vemos el caso de Saúl siendo atormentado por espíritus malignos, nunca llamó a un brujo, llamó a un adorador profético, David emanaba en su música liberación y restauración. David no hizo música de entretenimiento, sino que ministró a Saúl más allá de sus notas musicales, más allá del talento y la experiencia, David derramó unción de Dios, bálsamo que rompió las cadenas de Saúl. He ahí la diferencia entre un cantante y un adorador, la diferencia entre uno que sólo hace música y un profeta de Dios con música ungida, guiado por el Espíritu Santo trae libertad.

Muchos han cambiado el patrocinio del glorioso Espíritu Santo por el patrocinio del mundo y de esquemas de mercadeo humano, y aunque es necesaria la publicidad, no es lo que debe determinar el éxito en el ministerio, sino el estar en la voluntad del Padre siendo efectivos en lo que hacemos.

David conocía lo que hacía, era su ambiente, era su vida, ministrar a Dios y Dios ministraba a los que estaban ahí, y por eso Saúl fue liberado. Lo que el mundo necesita es música ungida por adoradores proféticos que viven y escuchan la voz de Dios para traer libertad y remanso en medio de las tormentas de la vida.

Ahora, también existe un balance en el aspecto técnico y de excelencia en la ejecución del instrumento, no todo es espiritual, también debemos procurar hacer todo con calidad para el Señor, así es más fácil fluir en el aspecto profético, no hay limitaciones.

El ministerio musical en el templo, en el Antiguo Testamento, tuvo éxito por varias razones que deseamos analizar rápidamente y que son pertinentes para nuestra música de iglesia el día de hoy. Primero que todo, los músicos levitas (recordemos lo que significa la palabra levita: junto, apegado, unido al corazón de Dios) eran maduros y musicalmente entrenados. Nosotros leemos en 1 Crónicas 15:22 que "Quenanías, principal de los levitas en la música, fue puesto para dirigir el canto, porque era entendido en ello". Él llegó a ser director de música porque era un músico preparado capaz de instruir a otros. El concepto de habilidad musical se menciona varias veces en la Biblia (1 Sam 16:18; 1 Cron 25:7; 2 Cron 34:12; Sal 137:5). Pablo también alude a ella cuando dice: "...cantaré con el espíritu, pero cantaré también con el entendimiento" (1 Corintios 14:15).

Aquí podemos analizar detalles interesantes: el coro consistía en un mínimo de doce cantantes masculinos adultos entre las edades de treinta y cincuenta años (1 Cron 23:3-5).

Según los estudiosos cuentan que la instrucción musical de un cantor levita tomaba al menos cinco años de preparación intensiva. Un principio bíblico

85

importante es que los líderes musicales deben ser maduros, con una comprensión de la música, especialmente hoy cuando nosotros vivimos en tiempos de alta tecnología y educación.

Algo interesante de analizar es que el ministerio de la música en aquellos tiempos tuvo éxito porque sus músicos y equipo estaban preparados espiritualmente así como técnicamente. Los levitas fueron apartados para este servicio y ordenados para su ministerio como el resto de los sacerdotes. Hablándoles a los levitas como líderes, David les dijo: "...Santificaos vosotros y vuestros hermanos... Así los sacerdotes y los levitas se santificaron" (1 Cron 15:12,14). A los músicos levitas se les dio una sagrada misión de ministrar continuamente delante del Señor (1Cron 16:37).

Otro punto importante fue que los músicos o levitas eran los obreros de tiempo completo. Esto lo vemos en 1 Crónicas 9:33 declara: "También había cantores, jefes de familias de los levitas, los cuales moraban en las cámaras del templo, exentos de otros servicios, porque de día y de noche estaban en aquella obra." Al parecer el ministerio musical de los levitas trajo consigo una considerable preparación, porque nosotros leemos que: "y dejó allí, delante del arca del pacto de Jehová, a Asaf y a sus hermanos, para que ministrasen de continuo delante del arca, cada cosa en su día" (1 Cron 16:37). La enseñanza bíblica que observamos aquí es que los ministros de la música deben estar deseosos de preparar diligentemente la música que se necesita para el servicio del culto.

Y otro punto muy importante es que, los levitas no eran invitados como artistas del canto a entretener la gente en el templo, ellos eran ministros que adoraban a Dios con la música. "Estos son los que David puso sobre el servicio de canto en la casa de Jehová, después que el arca tuvo reposo, los cuales servían delante de la tienda del tabernáculo de reunión en el canto". (1 Cron 6:31-32). A través de su servicio musical, los levitas "servían" (ministraban-original en inglés) a las personas. En otros cinco casos en el Antiguo Testamento se dice que los levitas servían o ministraban a las personas a través de su música. (1 Crónicas 16:4, 37; 2 Crónicas 8:14; 23:6; 31:2)

El oficio de los levitas está bien detallado en la Biblia en 1 Crónicas 16:4: "Y puso delante del arca de Jehová ministros de los levitas, para que recordasen y confesasen y loasen a Jehová Dios de Israel". Estas tres palabras como acción: recordasen, confesasen y loasen hacen notar que la adoración como música era parte fundamental del culto a Dios como un acto importante en nuestras mentes y corazones.

Un indicio de esta importante labor en el templo se puede observar en que los levitas recibían remuneración económica según los diezmos dados para el sustento del sacerdocio. (Num. 18:24-26; Neh. 12:44-47; 13:5, 10-12). El

Este principio bíblico lo podemos desglosar en que la tarea de ministrar en el templo por un levita no debiera ser solo una tarea de amor, sino también de una labor remunerada por las entradas de diezmos de la iglesia. (Es una humilde recomendación: lograr tener si se puede una base de humildes y buenos músicos con corazón sencillo a tiempo completo). Pero es lógico también destacar que si un laico se ofrece voluntariamente para ayudar en el programa musical de la iglesia, tal servicio no necesita ser remunerado.

En conclusión de este punto, podemos definir que el ministerio musical de un levita dentro del templo fue dirigido por músicos adoradores proféticos, maduros e instruidos, quienes estaban enseñados musicalmente, preparados espiritual-mente, apoyados financieramente, y servían con un corazón y bajo un manto pastoral.

Referimos a Kenneth Osbeck quien muy acertadamente dijo en una ocasión: "Ministrar musicalmente en el Antiguo Testamento era un gran privilegio y un servicio de gran responsabilidad". En la actualidad, esto todavía es cierto para el ministerio musical en la iglesia. En un sentido muy real, nosotros somos los levitas del Nuevo

Testamento. Por consiguiente, esos principios establecidos por Dios para el sacerdocio levítico debieran señalarse como las pautas válidas para los líderes musicales en una iglesia del Nuevo Testamento.

Por estas razones es tan urgente fortalecer nuestros equipos de alabanza hoy en día con principios ya establecidos en la palabra de Dios, no sólo con criterios personales de cómo creemos nosotros que debería ser sino con verdad Bíblica inapelable, recordemos que un pilar importante en el Reino de Dios es la adoración, por lo tanto, invirtamos tiempo y recursos en este aspecto.

"Los verdaderos adoradores que el Padre busca son todos aquellos que aman a su Padre, conocen la casa y aman vivir en ella"

Capítulo 7

En Espíritu Y En Verdad

La gran lección que Jesús nos dio en el pozo con la mujer samaritana sirve para aplicarla más que nunca hoy en día. En nuestra sociedad actual, cada día somos enfrentados con la realidad de que los adoradores verdaderos son escasos. Si existen muchos cantantes y ministerios pero más que eso necesitamos ser adoradores. Oramos por muchos años: ¡Señor, levanta una nueva generación de adoradores! Pero la pregunta es:

¿Todos lo que han surgido está enfocado y fundamentado en la verdadera adoración a Dios?

He ahí la pregunta del millón. Hay varios aspectos que han impedido que se levanten, en mi humilde opinión, una generación de verdaderos adoradores en espíritu y verdad.

Uno de esos impedimentos es el egoísmo, es el creer que yo lo puedo hacer solo sin ayuda de nadie o más aun cuando compito por ser el mejor.

Otro aspecto es el orgullo ministerial este me aleja totalmente de la presencia de Dios. Su palabra dice que Dios mira de lejos al altivo. Este orgullo me hace pensar que solo yo puedo atraer la presencia de Dios y con acciones damos a entender que los demás deben mirarnos y aprender de nosotros, más sin embargo nunca nos quedamos para escuchar y aprender de los demás. En otras palabras una falsa humildad y apariencia de piedad

Otro obstáculo es el aislamiento, vivir lejos de otros que desean enseñarme y estar sin cobertura o paternidad espiritual sana y correcta nos puede llevar a una desviación de la verdad o inclusive una destrucción, necesitamos un polo a tierra que nos aterrice siempre.

El otro obstáculo grande es el pecado oculto: creer que nadie se dará cuenta de lo que hacemos en lo privado, cuando en realidad Dios me está viendo, pues El mira todo, escudriña los corazones y las más íntimas intenciones del corazón.

¿Cuál es el deseo de Dios? Que esos adoradores verdaderos se levanten y hagan resplandecer la luz de Cristo en todas las naciones sin obstáculos. Que podamos vencer de una vez por todas lo que impide que seamos canales limpios y puros para El traer su gloria a las naciones. Cuando un adorador verdadero se levanta se alejan los falsos, cuando un verdadero adorador es levantado por Dios se manifiesta la verdadera presencia del Espíritu Santo, en nuestras reuniones hay sanidad, libertad y salvación.

Hemos pensado por algún tiempo que los adoradores son aquellos que llevan buena música a las radios, que graban CDs y que son los más famosos, y aunque en rigor es factible y veraz este pensamiento; sin embargo, no es el todo. Los adoradores primero que todo y antes que la música o fama y reconocimiento, son esos corazones que subirán al monte y llevarán leña para producir fuego en el altar y adorarán al Padre en espíritu y en verdad. En estos tiempos, para lograr efectividad en este punto primero que todo debe existir una revelación de quién es nuestro Padre celestial. Para lograr adorar lo que no conocíamos, debemos conocer a quién adoramos, el conocerlo a Él provocará identidad y autoridad en sus hijos.

Segundo, es un acto voluntario. Subir requiere de una acción, comenzar a avanzar hacia el conocimiento de Dios a través de su palabra es fundamental.

Recalcamos en espíritu y verdad. Dos elementos indispensables: el Espíritu de Dios y nuestro corazón. ¿Cuál es nuestra realidad espiritual y emocional delante de Dios? ¿Qué tan cerca o lejos estamos de Él? ¿Qué tanto le amamos y le honramos con nuestras acciones?

Tocar un instrumento, danzar, cantar, dar gritos de júbilo es muy fácil (y es bueno); sin embargo, pesa algo más en el ambiente, y son las preguntas importantes: ¿cómo está tu familia?, ¿diezmas?, ¿dices la verdad?, ¿te congregas?, ¿estás bajo autoridad?, ¿eres puro, santo? Esa es la realidad de cuando nadie nos ve, ahí es donde el Señor se manifiesta verdaderamente.

Verdaderos adoradores

Una premisa importante que surge al leer esta pregunta ¿En qué lugar debemos adorar?

"Le dijo la mujer:... "Nuestros padres adoraron en este monte, y vosotros decís que en Jerusalén es el lugar donde se debe adorar. Jesús le dijo: Mujer, créeme, que la hora viene cuando ni en este monte ni en Jerusalén adoraréis al Padre" (Juan 4:19-21).

En la actualidad, no existe más un lugar determinado, ni un sitio geográfico para la adoración. En la tierra de Jerusalén se encontraba la casa de Dios. Pero en Mateo 23:38, la vemos perder su carácter. El Señor la describe a los judíos diciendo: "He aquí vuestra casa os es dejada desierta".

Para los samaritanos de aquel tiempo el monte donde frecuentaban para adorar a Dios era el monte Gerizim, ahí existió un templo el cual fue destruido un siglo antes de Jesucristo el cual se convirtió en lugar sagrado.

Entonces cabe la pregunta de mucha gente hoy en día: ¿dónde está la habitación del Señor en el tiempo de la gracia? Esta respuesta está escrita en el libro de Efesios 2:19-22: "Sois... conciudadanos de los santos, y miembros de la familia de Dios, edificados sobre el fundamento de los apóstoles y profetas, siendo la principal piedra del ángulo Jesucristo mismo, en quien... vosotros también sois juntamente edificados para morada de Dios en el Espíritu". Se refiere a la Iglesia, una "casa espiritual" constituida de "piedras vivas" (1 Pedro 2:5).

¿Cuál debe ser entonces mi enfoque primordial en la adoración? Jesús dijo: "Los verdaderos adoradores adorarán al Padre" y "Dios es Espíritu; y los que le adoran, en espíritu y en verdad es necesario que adoren" (Juan 4:23-24). Al adorar, nos olvidamos de quien somos para enfocarnos en quién es Él. "A Dios nadie le vio jamás; el unigénito Hijo, que está en el seno del Padre, él le ha dado a conocer" (Juan 1:18). Jesús dijo: "El que me ha visto a mí, ha visto al Padre" (Juan 14:9). Mas sin embargo debemos examinar nuestras vidas para saber si el enfoque es correcto o si estamos desviados de un principio fundamental en la adoración a Dios: que se trata de El no de nosotros.

Se nos dio a conocer al Dios poderoso en batalla guerrero y vencedor pero también al Dios de gracia y bondad el cual fue a través de carne que fue

95

revelado el hijo de Dios, el cual en forma de hombre y en la persona de Jesús nos revelo quienes el Padre otorgándonos acceso a presencia y restaurando una relación cercana.

La esencia de un adorador

"Los verdaderos adoradores adorarán al Padre en espíritu y en verdad". "Y los que le adoran, en espíritu y en verdad es necesario que adoren" (Juan 4:23- 24).

Es importante volver a subrayar estos dos puntos en espíritu y en verdad, ya que encierran muchos significados importantes. En espíritu es adorar en la naturaleza de Dios. "Dios es Espíritu", y la adoración que le damos debe someterse a su naturaleza, es decir ser espiritual. Esto se relaciona en poner de lado las formas, las ceremonias y toda religiosidad de la cual la carne es capaz.

Esta adoración solo se produce en el poder del Espíritu Santo, Él es quien actúa en nosotros para producir la verdadera adoración. Nada de la carne puede complacer a Dios, en cualquier servicio, y particularmente en la adoración nada puede sorprender a Dios ni una gran voz o un gran talento le llaman más la atención que un corazón humillado.

Por eso repito es solo a través del Espíritu Santo que podemos logar una verdadera y efectiva adoración al Dios supremo, recordemos que en el antiguo testamento habían músicos que entretenían a las afueras del tabernáculo con su música, muchos nos podemos quedar afuera sin darnos cuenta mientras que el deseo de Dios es que lleguemos hasta el lugar santísimo un lugar no de entretenimiento sino de cambio y transformación total. La distracción puede tocar a nuestras vidas pero es nuestra decisión.

Otro concepto importantísimo es en verdad, lo cual también significa adorar a Dios por lo que Él es en su realidad, según la revelación que nos dio de Él mismo. Dios no es inaccesible, como lo fue en el tiempo de Israel, revelándose solo a ciertos hombres, sino que ahora se ha revelado a luz plena de lo que es a todo su pueblo. También el Padre se ha revelado en su gracia a través de su Hijo. ¡Qué privilegio para nosotros, que conocemos a Jesús, saber a quién Él nos reveló!

En cuanto a nosotros, adorar "en verdad" no es hacerlo con estructuras humanas incluso correctas, o moldes copiados de otros, sino expresarnos con lo que tenemos realmente en nuestro corazón. Es decir, lo que el Espíritu Santo pone en nosotros, y lo cual tenemos para dar, lo que produce nuestra alegría y gozo; es hablar de Aquel que llena nuestro interior. Dios desea verdaderas expresiones que brotan de corazones que viven en la luz divina. ¡Esto debería alejarnos de vanas repeticiones y de liturgias preparadas de antemano!

Aun hoy en día en la iglesia, en muchos casos aquellos que alaban son sólo las bocas e instrumentos del equipo de alabanza o sus directores. Y esta expresión de adoración debe nacer de los corazones de todo un cuerpo que está ahí presente y que levantan sus voces en agradecimiento a Dios por Sus bondades. Esto implica una verdadera dependencia del Espíritu Santo; Él sólo puede conducir todos los corazones en un mismo sentir.

Es aquí donde podemos ver expresado la revelación de Jesús en cuanto a la verdadera adoración En aquel tiempo los samaritanos no adoraban en espíritu ni en verdad. Los judíos adoraban a Dios en verdad, aunque la revelación haya sido incompleta, pero no lo hacían en espíritu. Su adoración implicaba un culto hecho con sacrificios materiales, según los ritos dados por Dios. No obstante, el Señor afirma que "la salvación viene de los judíos" (Juan 4:22). Lo que precedió a la venida de Cristo anunciaba las realidades que vendrían más tarde.

Para poder entender más en profundidad debemos mirar los sacrificios que ellos debían presentar en aquellos días como un acto físico y público de su adoración a Dios, sacrificios que Dios mismo les pidió. Uno de ellos fue la ofrenda de holocausto su significado era eterno y el cual quemado. Levítico 1 nos habla de su "sacrificio a Dios en olor fragante" esto lo encontramos en Efesios 5:2.

Otro fue el sacrificio de seguridad o paz, En Levítico 3 nos describe como una figura de Cristo como fuente de nuestras bendiciones y fundamento de nuestro culto o servicio.

Y el tercero fue el sacrificio por la expiación de pecados, Lo encontramos en Levítico 4 anuncia a Cristo como sacrificio por nuestras transgresiones y pecados.

Todos estos sacrificios como figuras del Antiguo Testamento nos dan claridad de los diferentes aspectos de la obra de Cristo y su obra redentora. no ofrecemos más sacrificios como estos, sino que le presentamos a Aquel que es el perfecto cumplimiento de lo que estos representaban.

Es ahí donde podemos adorar según la relevación de su deidad a través de Cristo "en verdad", y según su misma naturaleza "en espíritu".

Entonces la pregunta que surge es: cuales son estos verdaderos adoradores en espíritu y verdad ¿ Su palabra nos dice" La hora viene, y ahora es, cuando los verdaderos adoradores adorarán al Padre" (Juan 4:23).

Primero que todo esta relación entre el Padre y el hijo debe ser una relación de amistad. Los verdaderos adoradores que el Padre busca son todos aquellos que aman a su Padre, conocen la casa y aman vivir en ella.

"A todos los que le recibieron, a los que creen en su nombre, les dio potestad de ser hechos hijos de Dios." (Juan 1:12)

"Todos los que son guiados por el Espíritu de Dios, éstos son hijos de Dios. Pues no habéis recibido el espíritu de esclavitud para estar otra vez en temor, sino que habéis recibido el espíritu de adopción, por el cual clamamos: ¡Abba, Padre!" (Romanos 8:14-15)

En los tiempos antiguos en Israel específicamente, al tener una relación con Dios, el hombre tenía una responsabilidad implícita. "Ahora, pues, si diereis oído a mi voz, y guardareis mi pacto, vosotros seréis mi especial tesoro sobre todos los pueblos; porque mía es toda la tierra. Y vosotros me seréis un reino de sacerdotes, y gente santa" (Éxodo 19:5-6).En el tiempo que vivimos hoy, la relación entre Dios y el adorador se basa únicamente en el fundamento de la GRACIA de Dios. Es ahí, que sólo en la medida que esta relación de amistad con el

Padre profunda e íntima, se viva individualmente en real y constante comunión, producirá una adoración que llenc los corazones con expresiones en público del poder y soberanía de Dios.

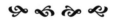

*"Solo a través de una adoración
genuina que nos llene de Su poderosa
Presencia, logrará cautivar los corazones
endurecidos"*

Capítulo 8

Una Vida De Adoración

En el Antiguo Testamento los levitas fueron escogidos por orden de Dios a través del rey David y ellos juraban "apartarse" para Dios.

Había varios elementos importantes en los cuales ellos debían vivir separados para Dios.

Recordemos que la palabra "santos" significa "separados del mal", apartados para Dios.

Primero que todo, sus vestidos eran de un efod de lino fino, esto simulaba la vestidura de santidad, la separación de todo mal y de toda impureza, aunque no del mundo, ya que vivían en él, sin embargo, debían separarse de todo aquello que contaminaba su relación con Dios e impedía estar cerca de Él.

Una vida de adoración está ligada totalmente a una vida en santidad. Ellos estaban a las órdenes de Dios y del rey en todo servicio en el templo.

Nuestro servicio es necesario para fortalecer una vida de adoración. El servicio te hace cercano a las necesidades de los demás, eres activado en la compasión por los demás. La vida de adoración que ellos vivían era al punto de dar sus propias vidas si era necesario con tal de mantenerse en ese lugar. No desviarse del propósito es fundamental para mantener una vida de adoración verdadera y constante.

Los momentos de prueba que atravesé en los días que comencé en este ministerio simplemente los puedo describir como minúsculos, comparados a los que hombres de Dios en la Biblia tuvieron que atravesar. En mis comienzos recuerdo que para llegar a la iglesia a tiempo para dirigir la alabanza, debía tomar dos o hasta tres autobuses. No era fácil llegar ya que muchas veces no tomaba el autobús a tiempo que me conectaba con el otro y una de tantas veces que me sucedió eso, decidí irme caminando. Al no saber el tiempo que me llevaría caminar tanto trayecto, esa vez llegué cinco minutos tarde y en mi lugar estaba otra persona dirigiendo. Ese día fue como el fin del mundo, pensé que todo se había acabado porque para mí era mi vida y mi pasión, comencé a llorar y me fui para atrás desconsoladamente y ahí el Espíritu Santo me habló: "¿Me pediste que te usara? Pues eso hago, pero te estoy formando". Esas palabras calaron en mi corazón y me han dado fuerzas hasta el día de hoy.

Tal vez en este momento que estás leyendo este libro tu vida está siendo pasada por fuego, no te desanimes, estás siendo formado porque el Señor desea usarte y llevarte a otros niveles. Tu adoración está siendo pasada por el horno de Dios para algo mejor y una vida de adoración brotará de ti. Estás en la escuela de Dios, aprendiendo y recibiendo fortaleza y formación.

Para lograr una vida de adoración será importante destacar en nosotros una entrega total: a medias no será suficiente para lograrlo, la entrega debe ser total, al 100%.

Deberá existir constancia esta debe ser diaria, permanentemente sin desfallecer, no es cuestión de un día, requiere ser insistente en la búsqueda de Dios. Hay adoradores que no logran una vida de adoración porque no son constantes, la cruz de Cristo no es solamente de un domingo, es de todos los días.

David lo expreso así: "Dios, Dios mío eres tú; de madrugada te buscaré; mi alma tiene sed de ti, mi carne te anhela, en tierra seca y árida donde no hay aguas". Salmo 63:1

El buscar a Dios es un acto voluntario y permanente, una decisión personal que debemos tomar y vivir en ella y luego seguir así diariamente. No tiene que ver con tu belleza física o tu gran talento, o si fallaste o no, si te sientes digno o no, esto tiene que ver con corazones dispuestos a morir a sí mismos y si es necesario comenzar de nuevo pues Dios nunca te desechara.

Deberá existir una sed desesperada por Dios: hombres sedientos por Dios lograron ver más allá, uno de ellos y lo cito de nuevo, fue el Rey David. Él declaró en el Salmo 42, 1 y 2: "Como el ciervo brama por las corrientes de las aguas, así clama por ti, oh Dios, el alma mía. Mi alma tiene sed de Dios, del Dios vivo; ¿Cuándo vendré, y me presentaré delante de Dios? Mi alma tiene sed de Ti, el alma donde se anidan las emociones, los sentimientos, el corazón y el pensamiento engañoso, David lo reconoció. Aun lo que no me gusta de mí te necesita y te anhela. No debemos permitir la rutina en nuestras vidas, ni acostumbrarnos a Dios, hay algo nuevo que Él desea hacer todo el tiempo y desea hacerlo a través de sus adoradores, para eso nosotros primero debemos estar sedientos, expectantes de lo que sucederá. Tenemos una responsabilidad y es la de avivar primero nuestro corazón para luego lograr encender el de otros.

Durante estos capítulos hemos estado hablando sobre la importancia de vivir y anhelar la presencia de Dios, porque es allí donde nuestra vida sufrirá cambios que nos harán diferentes y útiles para Su Gloria. Nuestra vida cristiana requiere de una experiencia constante a través de la alabanza y adoración a nuestro Dios.

Recordemos lo siguiente querido lector:

1. Dios no necesita nuestra alabanza, nosotros necesitamos alabarle. Dios tampoco necesita nuestra adoración, pero Él sí está buscando adoradores. La adoración es tan relevante para Dios que Él mismo te está buscando para tener comunión contigo.

2. La adoración se trata de intimidad y de amistad no de un ritual.

3. La relación personal es un requerimiento en la adoración, no es solamente en un acto grupal, comienza en casa.

Para esto miremos algunas pensamientos o frases que tratan de describir lo que es verdadera adoración

a) Es darle toda nuestra vida a Dios.

b) Es la respuesta de nuestra relación de amor con Dios. Es el principal propósito del llamamiento eterno nuestro.

c) Es el corazón expresando amor y alabanza a Dios en una actitud de reconocimiento de Su Señorío sobre nosotros.

d) Es el acto del hombre redimido (la criatura) hacia su creador, en donde su voluntad, intelecto y emociones responden en reverencia, honor y devoción a la revelación de la persona de Dios, expresada en el trabajo de redención hecho por Jesucristo, según el Espíritu Santo ilumina su palabra en nosotros.

e) Es la habilidad de magnificar a Dios con nuestro cuerpo, alma y espíritu.

f) Es el Espíritu de Dios en nuestro interior haciendo contacto con la deidad.

g) Es amor extravagante y extrema obediencia.

h) Es la actitud ideal que una creación racional debe expresar hacia su creador.

La realidad es que la adoración es difícil de definir, Morris Smith dijo: "La adoración real desafía una definición, sólo puede ser experimentada."

Mi deseo con este libro no es que usted pueda definir lo que es adoración y distinguirlo de la alabanza, sino que experimente una vida de adoración a Dios permanente y profunda.

La adoración no solo ocurre en la congregación cuando sentimos la unción de Dios. Puede ocurrir en los momentos más difíciles de nuestra vida. Ejemplos bíblicos: Job en medios de la pruebas, David en medio del proceso.

El verdadero adorador adorará aún en las circunstancias más difíciles. Lo importante de la adoración es confesar su señorío sobre nosotros aun cuando todas nuestras circunstancias nos gritan que lo que estamos viviendo es injusto.

La adoración en ocasiones es estar quieto ante Dios. Como dice el Salmo 46:10 – "Estad quietos y conoced que yo soy Dios". A veces es postrarse ante Dios en silencio. Es el Espíritu Santo el que nos lleva a adorar, hay que dejar que Él tome control de nuestra adoración. Dios quiere hacer cosas específicas en cada servicio, en cada reunión y en cada situación de la vida cotidiana, hay que ser sensible a su Espíritu. El Espíritu Santo se contrista cuando no lo tomamos en cuenta. La adoración que Dios busca es en Espíritu como lo hemos estudiado. En el Antiguo Testamento, la adoración consistía de una serie de rituales y ceremonias externas como habíamos mencionado, pero Dios se cansó de eso:

"Dice, pues, el Señor: Porque este pueblo se acerca a mí con su boca, y con sus labios me honra, pero su corazón está lejos de mí, y su temor de mí no es más que un mandamiento de hombres que les ha sido enseñado." Isaías 29:13

La adoración que Dios busca hoy en día es en verdad. Jesús es la verdad. Aquellos que no reconocen a Jesucristo como nuestro mediador y Sumo Sacerdote jamás podrán adorar a Dios en la intimidad como Él desea.

La adoración tiene que ser de un corazón que es puro para Dios y refleja verdad e integridad. Debemos adorarle con integridad. El Salmo 22: 3 nos declara:

¿Quién subirá al monte de Jehová? ¿Y quién estará en su lugar santo? El limpio de manos y puro de corazón; el que no ha elevado su alma a cosas vanas, ni jurado con engaño. Nuestra adoración no puede ser hipócrita. Adorar en verdad es adorar de acuerdo a su palabra (Su palabra es verdad) y de acuerdo a los que vivimos de ella. Hay que distinguir entre adoración y solo servicio. Los adoradores deben ser los mejores servidores, pero el mejor servicio nunca debe sustituir la adoración. Debemos adorar sólo a Dios.

Ejemplo de esto es la mujer con el frasco de perfume en Mateo 26:7. Nos describe que un adorador hace lo que sea por agradar a Dios.

Algunas características de esta mujer que la catapultaron hacia una extrema adoración:

Fue alguien que supo dar. El verdadero adorador será un dador. A esta mujer no le importó la crítica, simplemente cuando vio a Jesús derramo su vaso de alabastro, lo mejor que tenía guardado, su tesoro de alto precio a los pies del Maestro. Es aquí donde me hago estas preguntas: Que es lo más valioso que tengo para darle hoy a mi Padre? Le estamos dando la mejor adoración a nuestro Dios? Ella salió siendo perdonada por Jesús. En medio de la adoración encuentras restauración y salvación.

Esta mujer no dejó que lo sentimientos de culpa le impidieran adorarle. Hay personas que por la culpabilidad del pasado no han podido avanzar hacia lo que Dios tiene preparados para ellos, tal vez otros te desecharon o te criticaron y con malas actitudes te cerraron las puertas más hoy tengo buenas noticias para ti: Él no ha terminado contigo, El que comenzó la buena obra en tu vida la terminara, Su propósito se cumplirá en ti, en contra de todo pronóstico. Lo puedes creer? Recuerda que lo único y más inapropiado no es solo fallar, sino que también es adorar a Dios en pecado, lejos en el corazón y sin la intención de cambiar.

A esto le llamo altivez de espíritu, esto impide adorar al Dios verdadero. Esta mujer llevó su adoración a un nivel extremo, a un nivel que ni aún los discípulos entendieron, algo que salió de la razón humana, no hubo orgullo o sentimientos de culpa y autocompasión en ella simplemente corrió a Jesús, con su adoración logró sobrepasar los límites de lo racional, por eso Jesús se asombró y miró este acto como uno de los que serán recordados por siempre.

Tu adoración y mi adoración a estos niveles hacen memoria en el corazón del Padre y no pasan desapercibidos en los tiempos y temporadas donde tal vez el hombre se olvida de ti. Él reconoce un adorador que va más allá de sus costumbres y limitaciones por amor a Él, y nunca lo olvida

Una vida de adoración verdadera

Si ampliamos este contexto, la adoración está íntimamente ligada a la manera en que vivimos. Por medio de esta acción llegamos a ser sacrificios vivos. Nuestra adoración involucra el deseo de entregarnos al Padre, pero también incluye los beneficios y resultados de esa entrega. De ahí viene la necesidad de ser transformados y el apóstol Pablo lo describe de la siguiente manera:

"No os conforméis a este siglo, sino transformaos por medio de la renovación de vuestro entendimiento, para que comprobéis cuál sea la buena voluntad de Dios, agradable y perfecta". Romanos 12.2

Podemos ver en la Biblia el concepto de lo que es ofrecer adoración a Dios en Hebreos 13.15-16. El versículo 15 nos habla de esto: ofrecer a Dios sacrificio de alabanza...fruto de labios que confiesan su nombre. Y en el versículo 16 vemos como nos habla acerca de la vida de adoración: Y de hacer bien y de la ayuda mutua no os olvidéis; porque de tales sacrificios se agrada Dios.

Aquí podemos ver que cuando ofrecemos un sacrificio de alabanza lo hacemos como resultado del fruto de nuestros labios ¡Todo eso es adoración! El conjunto de nuestras acciones se atribuye como un acto de adoración en toda nuestra vida, como un sacrificio delante de Dios y de los demás.

Veamos unos puntos clave el acto de adoración no se puede separar de una vida íntima con Dios (Juan 14.15). Por ende al adorar seremos servidores de Su Reino y de los demás. Una vida de servicio es el fruto de la adoración. La adoración y el servicio a Dios van de la mano Mateo 4:10 "Entonces Jesús le dijo: Vete, Satanás, porque escrito está: Al Señor tu Dios adorarás, y a él sólo servirás"

La adoración que no afecta nuestra manera de vivir no es una adoración verdadera Marcos 7.6-7: "Respondiendo él, les dijo: Hipócritas, bien profetizó de vosotros Isaías, como está escrito: Este pueblo de labios me honra, Mas su corazón está lejos de mí. Pues en vano me honran, Enseñando como doctrinas mandamientos de hombres".

Deben existir cambios es imposible que alguien que vive en Su Presencia sea igual, pues algo debe suceder.

Una definición poderosa de Adoración.

La mejor definición que conozco es la que Jesús mismo nos dio:

Marcos 12.30: "Y amarás al Señor tu Dios con todo tu corazón, y con toda tu alma, y con toda tu mente y con todas tus fuerzas. Este es el principal mandamiento".

Adoración implica amar a Dios con todo lo que somos y todo lo que tenemos. Al amarlo con verdaderamente con todo nuestra alma, mente, corazón y fuerzas no solo afectará nuestras reuniones s en la iglesia o en lo privado sino también transformará nuestras vidas y cambiara nuestras naciones. Nuestro amor por Dios se expresa al rendirnos en asuntos cotidianos que aparentemente no son de mucha importancia, como en todo lo que conlleva decisiones importantes en nuestras vidas. Este es el poder transformador de la adoración en nuestras vidas

El fruto de la transformación en un adorador se expresa en Romanos 12.2; No os conforméis a este siglo, sino transformaos por medio de la renovación de vuestro entendimiento, para que comprobéis cuál sea la buena voluntad de Dios, agradable y perfecta. Una de las herramientas principales que Dios usa para impactar y transformar nuestras vidas es la adoración. Mientras adoramos somos confrontados por medio de Su Presencia .Por ejemplo el llamado de Isaías al ministerio nació en la adoración, esto lo encontramos en Isaías 6:1-8.

Al adorar existirán repercusiones, todo depende de que o a quien estemos adorando. Por naturaleza todos en la vida adoramos algo, aunque pase desapercibido para muchos. O adoramos al mundo o adoramos a Dios no hay términos medios. Si analizamos nuestras culturas están plagadas de adoración a ídolos las cuales se presentan de manera sutil y cotidiana; sin embargo, son abominación ante el Dios verdadero. Miremos en Efesios 5.5 y Colosenses 3.5 el apóstol Pablo nos dice que la avaricia es una especie de idolatría. Claro está, tal vez muchos no se postren ante nada pero recordemos que el centro de la adoración es el Señorío. Y esta se manifiesta en la auto adoración, la cual fue la misma que usó la serpiente en el huerto del edén al decirle a la mujer: ... "serán abiertos vuestros ojos y seréis como Dios"...

Es probable que Adán y Eva no se dieran cuenta en ese momento, pero al intentar ser como Dios o parecerse a Dios, en realidad estaban inclinándose al enemigo que había caído en un pecado parecido "el orgullo". Esto lo podemos ver en Isaías 14.12-14; y Ezequiel 28.12-17. Y esto mismo ocurre cuando adoramos a idolatramos a otras personas o cosas que no sea el único y sabio Dios. Léase Salmos 115.4-8

La acción de postrase físicamente muestra también una actitud delante del Señor algunos han dicho: "adora a Dios como sea no importa tu postura, pues lo que El mira es tu corazón" y en rigor es cierto, más sin embargo en la realidad también importa nuestra postura pues las acciones externas muchas veces denotan nuestra actitud interna. Esto consiste más bien en traer nuestros corazones ante Él y someter nuestras vidas a Su dominio y autoridad por amor no por imposición. Adorar es nuestra respuesta a la revelación de quien es Dios para mí.

"Por tanto, nosotros todos, mirando a cara descubierta como en un espejo la gloria del Señor, somos transformados de gloria en gloria en la misma imagen, como por el Espíritu del Señor". (2 Corintios 3.18)

Al acercarnos a Dios en adoración nos tocamos con Su Presencia y es ahí por lo cual es importante vivir en adoración pues nos parecemos más al Padre y nuestras vidas cambian. . Recuerdo hace mucho tiempo escuchar este ejemplo y me parece oportuno expresarlo aquí ya que este proceso funciona realmente como el foco de una cámara: Lo primero que se hace cuando se toma una foto es dirigir la cámara hacia la imagen que se quiere fotografiar para guardarla en su memoria, entonces presionas el botón que abre el lente para qué que la luz entre a la cámara y selle la foto. Así mismo de una manera similar al adorar al Padre abrimos nuestro espíritu y corazón a la Presencia de Dios y permitimos que la luz de Su Presencia inunde nuestra vida y seamos sellados por El. Para lograr llegar a ser como Jesús, y adoradores en espíritu y verdad necesitamos abrirnos constantemente a la luz de Su presencia y su palabra.

Necesitamos la presencia de Dios en nuestras vidas y reuniones.

La pregunta que cabe aquí es porque nos reunimos como iglesia ¿Por qué elevamos canciones juntos? ¿Cuáles son las bases bíblicas que respaldan porque hacemos lo que hacemos para Dios como actos de adoración?

Es necesario recalcar que nos reunimos por varias razones fundamentales: la más importante es para honrar y darle culto a Dios con nuestra adoración. La adoración es y será principalmente para Dios. Podemos escuchar algunas veces salir de la reunión diciendo: "yo no sentí nada hoy en la adoración" más sin embargo quien nos dijo que debíamos sentir algo en la adoración para que estuviera bien? Solo recordemos que la adoración genuina no consiste en recibir nosotros algo como esencia, sino para darle a Dios la gloria.1 Pedro 4:1" Si alguno habla, hable conforme a las palabras de Dios; si alguno ministra, ministre conforme al poder que Dios da, para que en todo sea Dios glorificado por Jesucristo, a quien pertenecen la gloria y el imperio por los siglos de los siglos. Amén

Al practicar este principio necesitamos la abundancia de Dios. La mayor necesidad que el hombre tiene es la Presencia de Dios. Esta necesidad es suplida al encontrarnos cara a cara con El. En la Biblia encontramos muchos pasajes que nos hablan de tener una relación con Dios, precisamente porque El Padre sabía que la parte más necesaria en suplir sería el tener comunión con el hombre. Es por eso que el Señor nos insta o invita a que le adoremos, fuimos diseñados y creados por Dios para tener una comunión estrecha con EL, pues ninguna otra cosa llenara nuestro vacío. Una definición clásica del propósito y el destino del hombre se encuentra en la definición de Westminster: "El fin principal del hombre es glorificar a Dios y disfrutarle para siempre".

Entonces el destino final de la adoración es centrarnos en el Dios de la adoración.

Otro aspecto importante que el Señor diseño como plano original es que al acercarnos a Él con un anhele ferviente, Su gracia se manifieste en bendición, gozo, satisfacción y propósito.

Recordemos querido adorador que existen beneficios al adorar, entre ellos están:

1) La victoria y satisfacción. "Deléitate así mismo en Jehová y él te concederá las peticiones de tu corazón". Salmo 37:4-5

"Una cosa he demandado a Jehová y ésta buscaré, que esté yo en la casa de Jehová todos los días de mi vida para contemplar la hermosura de Jehová y para inquirir en su templo porque Él me esconderá en su tabernáculo, en el día del mal me ocultará en lo reservado de su morada sobre una roca me pondrá en alto." Salmo 27:4-5

2) Encontramos paz y fortaleza en medio de las pruebas.

"La paz os dejo, mi paz os doy; yo no os la doy como el mundo la da. No se turbe vuestro corazón, ni tenga miedo". San Juan 14: 27

3) Existe identidad de quienes somos en Cristo Jesús. Somos hijos y tenemos Padre. No somos huérfanos, ni advenedizos.

Necesitamos la presencia de Dios pues ella ira delante de nosotros.

En Éxodo 33:1-3 el Señor le dijo a Moisés: «Anda, vete de este lugar, junto con el pueblo que sacaste de Egipto, y dirígete a la tierra que bajo juramento prometí a Abraham, Isaac y Jacob que les daría a sus descendientes. Enviaré un ángel delante de ti, y desalojaré a cananeos, amorreos, hititas, ferezeos, heveos y jebuseos. Ve a la tierra donde abundan la leche y la miel. Yo no los acompañaré, porque ustedes son un pueblo terco, y podría yo destruirlos

119

en el camino.» O vas con todos nosotros —replicó Moisés—, o mejor no nos hagas salir de aquí. Si no vienes con nosotros, ¿cómo vamos a saber, tu pueblo y yo, que contamos con tu favor? ¿En qué seríamos diferentes de los demás pueblos de la tierra? Éxodo 33:15-16

Moisés deseo más la presencia de Dios que la tierra prometida, un adorador que anhele conocer más de Dios tiene por más alta estima su Gloria que cualquier otra cosa en el mundo. En otras palabras Moisés dijo: si Tú no estás en el asunto yo no deseo ir, ¿Cuantas veces hacemos o vamos de aquí para allá sin la Presencia y bendición de Dios? Muchos podemos caer en esta trampa, ministerios que se enfocan en viajar y lograr cosas (en buena hora) más ¿cuántas de esas hazañas son sin la Presencia de Dios? Es tiempo de examinarnos, Puedo ver a Moisés decir algo como: no me interesa la tierra ni tus bendiciones te anhelo a Ti, Te deseo a Ti Señor, qué gran lección.

En muchos casos se puede sentir que la iglesia está compitiendo tratando poner lo que el mundo ofrece y eso no es posible, el molde original lo tiene Dios. Moisés lanza una pregunta al Señor y él dice ¿que nos podría distinguir de los otros pueblos? ¿Cuál sería la diferencia? Y esa es la clave que el mundo vea en nosotros lo que no puede ver en las calles. ¿Qué es lo que nos hace distintos en dar al mundo lo que el mundo no pueda dar? ¿Qué pueden encontrar los hombres en nosotros los hijos de Dios que no puede encontrar en ningún otro lugar? Simplemente la Presencia de Dios, esa es la gran diferencia. En Efesios 1:13- 14 nos habla de que cada uno de nosotros somos los contenedores del depósito de Dios para el mundo. En 1 Corintios 3.16 no habla de que cada iglesia es habitación y morada de Dios. Nada logramos con tener lujosos templos un gran equipo de alabanza si la presencia del Espíritu Santo no está ahí, el énfasis no está en el lugar físico sino en quien lo habita. Nuestro interés como líderes y pastores no debe estar en tener un lugar lleno de personas sino que las personas estén llenas de Dios. ¿Cómo se puede llegar por ejemplo a los corazones de los jóvenes que enfrentan situaciones difíciles acosadas por el alcohol, las drogas y el sexo? Solo a través de una adoración genuina que nos llene de Su poderosa Presencia, logrará cautivar los corazones endurecidos.

Sino anhelamos esta Presencia gloriosa de Dios no podremos ofrecer nada efectivo que los cambie. Qué gran ejemplo el de Moisés no podemos estar satisfechos con la tierra sino esta Su presencia en medio de ella.

¿Qué necesitamos hoy en día? Más que nada la manifestación de su Gloria.

El Salmo 22:3 nos dice: "Pero tú eres santo, tú que habitas (otra versión dice: te entronas) entre las alabanzas de tu pueblo".

El Reino de Dios se establece cuando entronamos al Padre en medio de nuestra adoración. El reina en medio de esta adoración unida. La manifestación de esta Gloria se hace sentir en cada vida cuando juntos le adoramos en mismo sentir y corazón. Entender la necesidad que tenemos por Dios hace que Su manifestación se deje ver cuando existe un anhelo por conocerle. En Éxodo 40:34-35; 2 Crónicas 5:13-14 podemos ver como Dios lleno el lugar donde le adoraban, no solo se trata de ese lugar físico sino la habitación espiritual que somos donde primero EL se manifestara, llenado luego el lugar físico donde le adoramos. Podemos ver esto acontecer en Isaías 6:5-7, Dios revela Su gloria a Isaías en medios de esta adoración, es así que Isaías es lleno de Su Gracia y misericordia, extendiendo Su Reino sobre él. Podemos notar también como Isaías es comisionado por Dios como profeta a las naciones en medio de esta adoración.

Miremos lo que sucedió en Hechos 4:23-31, cuando Pedro y Juan fueron arrestados ,los hijos de Dios levantan su voz en adoración y clamor y como resultado la gloria de Dios desciende y los llena a todos con el Espíritu Santo haciendo que todos hablaran la palabra de Dios con valor. Hechos 4:31: "Cuando hubieron orado, el lugar en que estaban congregados tembló; y todos fueron llenos del Espíritu Santo, y hablaban con denuedo la palabra de Dios".

En Hechos 13:2 "Ministrando éstos al Señor, y ayunando, dijo el Espíritu Santo: Apartadme a Bernabé y a Saulo para la obra a que los he llamado" En medio de la adoración los líderes reciben la instrucción de parte de Dios del llamado apostólico de Pablo y el llamado de Bernabé.

¿Y cuántos de nosotros hemos visto el poder de Dios sanar enfermos, libertar cautivos y salvar vidas en medio de un glorioso tiempo de adoración? Es impresionante ¿y como acontece esto? Acontece porque Su trono es establecido por Dios en medio de la adoración de su pueblo, un trono de gracia Léase Hebreos 4:16. Es ahí que la misericordia y la gracia de Dios fluyen. Él se acerca a nosotros cuando nosotros damos el paso de acercarnos a El Santiago 4:8: "Acercaos a Dios, y él se acercará a vosotros. Pecadores, limpiad las manos; y vosotros los de doble ánimo, purificad vuestros corazones". Porque al manifestar Su presencia se manifiesta su misericordia y amor.

En Efesios 5:18-20 se nos revela que el método que el Espíritu Santo usa para llenarnos de Él es por medio de la adoración: "No os embriaguéis con vino, en lo cual hay disolución; antes bien sed llenos del Espíritu, hablando entre vosotros con salmos, con himnos y cánticos espirituales, cantando y alabando al Señor en vuestros corazones; dando siempre gracias por todo al Dios y Padre, en el nombre de nuestro Señor Jesucristo".

Por esto Es fundamental comprender que la restauración de nuestra vida se basa en la adoración que ofrecemos a Dios. Ese nivel de gloria donde fue puesto Adam en el huerto del Edén, es el lugar donde le fue dado dominio y autoridad para gobernar. Al pecar, Adam pierde esta posición y es destituido de ese ambiente de gloria; sin embargo, Jesús vino a rescatar esa posición y lugar espiritual y devolvernos a su gloria a través de la sangre derramada en la cruz del calvario. La adoración nos conecta con ese pacto de amor y misericordia.

*"No hay honor más alto en el universo
que ser llamado hijo de Dios y más aún
ser un adorador que pueda entrar
libremente a Su Presencia"*

LUIGI CASTRO

Capítulo 9

Escogidos Para Adorar

E n este capítulo quiero enfocarme en el propósito por el cual fuimos creados por Dios. Su palabra dice que fuimos creados para alabanza de su gloria, para glorificar el nombre de Jesús. Fuimos escogidos para buenas obras. Muchos dejaron de ser lo que debieron ser por lo que otros dijeron, por la opinión de los hombres y el qué dirán.

Fallaron y nunca se levantaron porque el hombre así lo decidió. Hemos sido influenciados por malas coberturas que lo que han hecho es controlar y no abrazar. Se impusieron, pero nunca enseñaron con su ejemplo. Es tiempo de hacer lo que Dios dice y no lo que el hombre ha dicho fuera de la palabra de Dios.

Fuimos creados para grandes propósitos y uno de ellos es adorar a Dios. Tenemos el privilegio de acercarnos a Él libremente. El acceso es sin restricciones y fuiste escogido para ser un adorador.

Su palabra dice en Efesios 1 del 4 al 6 que fuimos escogidos antes de la fundación del mundo. El deseo de Dios es que seamos sus hijos y por ende adoradores, no porque Dios necesite adulación, sino que Él desea ser el centro de nuestros corazones, habitar en nosotros y hacer su voluntad en nosotros.

Los propósitos de Dios son de bien y no de mal. Desde que el hombre fue creado a su imagen y semejanza le fue dado dominio y autoridad sobre toda la creación de Dios. Adam en el huerto del Edén fue puesto como corona de la creación, tenía relación con Dios y era todo perfecto; sin embargo, cayó en la trampa de ser desvirtuado de su imagen y para lo cual fue creado, su propósito de tener comunión con su creador y gobernar.

El diseño original para Adán era vivir en un ambiente de gloria, abundancia y de prosperidad, una vez que se aleja de este principio y es destituido del propósito original, Adán se desvía y comienza un camino más duro y en ámbitos naturales, ya no en lo sobrenatural de Dios. El pecado lo que hace es alejarnos del plan divino de Dios y nos hace caminar nuestro propio camino que es más doloroso y difícil. Separados de la gloria de Dios nada podemos hacer, un adorador fue creado para vivir en un ambiente de gloria y no fuera de él, cerca de Dios y no alejado de Él.

Fuimos creados para contener en nosotros la misma gloria de Dios. Nuestras vidas deben ser el reflejo de Dios en la tierra, y la gloria de Dios en los hombres y debemos descubrir este propósito en nosotros y vivir en él. Esto lo logramos como hemos dicho a través de una relación con Dios y a través de su palabra.

Es por eso que todo hijo de Dios, ya sea pastor, líder o miembro de una iglesia debe saber por qué y para qué Jesús instituyo la iglesia en el mundo.

Podríamos decir principalmente por tres propósitos: ante todo, para adorar a Dios. Segundo, para edificar a los creyentes, enseñándoles la Palabra mediante el discipulado y la disciplina, y tercero, para evangelizar al mundo.

En tanto la iglesia deja de lado alguno de estos tres propósitos existe un desequilibrio. Por ejemplo, las iglesias que se enfocan sólo en la evangelización, ¿y la edificación y la adoración? Hay iglesias que priorizan la enseñanza y otras se destacan solo por la adoración. Es saludable que la iglesia busque el equilibrio entre estos tres propósitos fundamentales.

Desarrollemos esto la iglesia fue establecida en el mundo para adorar a Dios

En el libro de Efesios1:4-6 se nos dice para que nos escogió Dios Para ser alabanza de la gloria de su gracia (V.13-14). El llamado más alto que tiene la iglesia es el de adorar a Dios, de exaltar su nombre y proclamar la grandeza de su poder, de su justicia y su santidad en toda la tierra.

Al reunirnos como iglesia lo que hacemos es declarar que esa adoración solamente es digno el Señor, pues por Él somos salvos y por Él sabemos ahora que todas las cosas existen. Desatender aquello para lo que fuimos creados es despreciar un gran honor. Cuando no le adoramos, despreciamos lo que Él hizo en la cruz por nosotros ya que no lo reconocemos.

Romanos 1:21-23 Cuando alguien no le glorifica con sus vidas y actos, no adora a Dios como Él lo merece y por ende se pierde de sus bendiciones. Su corazón se llena de tinieblas, de confusión y se vuelve muchas veces necio.

En 1 Pedro 2:9 Somos llamados a anunciar las virtudes de Aquel quien nos llamó de las tinieblas a su luz. Más sin embargo pueden existir ídolos que impiden que cumplamos con este gran privilegio de adorar.

Miremos 1 Tesalonicenses 1:9 analicemos que puede representar un ídolo en nuestra vida. Un ídolo es todo aquello que se arraiga en el corazón y ocupa el lugar de Dios en la vida de una persona. Todos antes de conocer a Cristo tuvimos ídolos, algunos viviendo de manera desordenada se inclinaron ante imágenes y tuvieron ídolos tales como el dinero, el sexo, los artistas, los deportistas, el cuerpo, el auto, el trabajo, la profesión, ídolos inclusive de millones de personas en el mundo entero hasta el sol de hoy.

Y es por esta razón es que debemos entender que a tantos cristianos se les dificulta hoy en día levantar inclusive sus manos, cantar y en todo sentido de nuestra vida adorar a Dios como Él lo merece ya que todavía existen ídolos en el corazón que deben ser destruidos.

Ahora una pregunta interesante que podemos hacernos es: un cristiano nacido de nuevo se puede desviar de la verdadera adoración a Dios? Miremos el caso de Aarón, el becerro de oro y Juan que adoró al ángel. Debemos entender el gran privilegio y responsabilidad que tenemos como hijos de Dios de mantener en nosotros y en los demás una verdadera línea de adoración y no desviarnos.

Ahora ¿cuál debe ser la postura y posición de la iglesia ante la adoración?

Debe ser de darle una verdadera adoración en honra y el valor supremo al Dios vivo Porque sólo Él es Dios Apocalipsis 4:10: "los veinticuatro ancianos se postran delante del que está sentado en el trono, y adoran al que vive por los siglos de los siglos, y echan sus coronas delante del trono". Qué gran significado es poner sus coronas delante de Dios. Recordemos que estas coronas eran de olivo, las cuales buscaban los atletas en la antigua Grecia, esta tenían el significado de: fama, dinero y el favor de los poderosos.

Esto es lo que representa las coronas de los veinticuatro ancianos en este pasaje de apocalipsis, son todos aquellos logros que tú y yo podemos obtener en este mundo, claro puedas tener éxito en tus negocios, en tu profesión, en tus estudios pero aun así no eres mayor o más digno que el gran Dios de los cielos. Cuando llegues a lograr una meta importante como adorador debemos tener siempre presente lo que nos dice Lucas 7:10:

"Así también vosotros, cuando hayáis hecho todo lo que os ha sido ordenado, decid: Siervos inútiles somos, pues lo que debíamos hacer, hicimos"

Como adoradores e hijos de Dios debemos buscar la excelencia en todo pero no buscar que nos aplaudan por eso pues es nuestra responsabilidad. "No busco mi propia gloria, sino la del Padre". Pero no son pocos los cristianos que no desean sus coronas terrenales, leamos Juan 5:41: "Gloria de los hombres no recibo".

Es en esos momentos que un adorador debe cuidarse de comenzar a buscar y recibir la gloria superficial del mundo por sus logros, En Apocalipsis 4:11 nos dice: "Digno" del original en el griego "Axios": que significa Merecedor, El único apropiado.

Solo Él merece toda alabanza y toda adoración. Nosotros no merecemos nada, excepto estar separados de Dios por toda una eternidad.

También existe otra parte por el cual fuimos escogidos por Dios para gloria de Su nombre y esto requiere una entrega total y absoluta.

Toda manifestación corporal en público debe complementarse con la transparencia de lo que vivimos a diario en lo privado. Juan 4:7-18 Nos explica como en esta caso, esta mujer vivía una vida que Dios desaprueba completamente, aun así ella subía al monte a adorar por costumbre y ritual aprendido, lo cual discrepa totalmente con lo que Jesús le ensena en ese momento. Esto hoy en día puede compararse, al estado de muchos en la iglesia que adoran cantando y alabando a Dios mientras viven su vida lejos de una vida integra y limpia. Esta mujer en síntesis, no entendía lo que significaba adorar a Dios en espíritu y verdad.

No debemos quedarnos en la forma sino buscar el contenido, algunos se quedaron en el monte y en el templo físico y Dios desea que hagamos una transición al hecho de que ya no es un monte físico sino que hay que subir al monte espiritual y llevar leña para el fuego. Más sin embargo los verdaderos adoradores demuestran con su vida lo que creen. La adoración que Dios recibe no es la que se hace solo en un lugar físico como el templo, tampoco es solo

LUIGI CASTRO

cantar, no es solo cerrar los ojos y alzar las manos, envuelve nuestra actitud y vida cotidiana

Por naturaleza si eres nacido de nuevo vas a sentir la necesidad de adorar a Dios con ambas cosas, con canticos y con todo tu ser, pero esa adoración debe complementarse con el estilo de vida que practicas con tu esposa (o), hijos y familia. Es por eso que la Biblia declara que somos templo del Espíritu Santo. Podemos lograr entender este punto cuando la adoración ya forma parte de nosotros

¿No sabéis que vuestros cuerpos son miembros de Cristo? ¿Quitaré, pues, los miembros de Cristo y los haré miembros de una ramera? De ningún modo.1Corintios 6:15. ¿Porque el apóstol Pablo les escribe de esta manera a los corintios? Porque aunque adoraban a Dios, no estaban honrando a Dios con sus cuerpos.

Nuestro cuerpo total es el lugar donde Dios habita. Expresiones más sólidas de mostrar adoración a Dios: una joven que decide mantenerse virgen. Un joven que huye de la tentación, ¡Eso es verdadera y radical adoración! Decir no es una de las formas más profundas de adoración que le podemos ofrecer a Dios, nuestro estilo de vida.

Si experimentas la traición, o te ofenden, o te calumnian y les perdonas, ¡eso es un acto de adoración de las más sublimes delante de Dios! Al negarte a los deseos de la carne como aceptar un negocio ilícito, aun cuando estás en necesidad, ¡eso es adoración! Glorificar es dar alabanza y honra. Aquí está otra vez la esencia de la adoración. No solo adoramos con nuestros cánticos, sino con nuestra vida misma 1 Pedro 2:5 nos dice: "vosotros también, como piedras vivas, sed edificados como casa espiritual y sacerdocio santo, para ofrecer sacrificios espirituales aceptables a Dios por medio de Jesucristo".

¿Qué importancia tiene que seamos templo del Espíritu Santo? En el antiguo testamento Los animales que se ofrecían vivos en el altar como sacrificio a Dios para perdón de los pecados del pueblo, eran figuras de Cristo, el Cordero de Dios.

En el nuevo testamento tipifica El sacrificio de Cristo por nuestros pecados, burlado, escupido, azotado y clavado vivo en la Cruz.

En Romanos 12:1 Jesús se hizo sacrificio vivo por nosotros, por nuestros delitos y pecados se hizo ofrenda agradable acepta delante del Padre esto es la máxima expresión de adoración.

Veamos Hechos 16:22-24 un sacrificio de alabanza en la boca de Pablo y Silas, aun en la cárcel no cesaron de adorar miremos el verso 25 Dios aceptó este sacrificio, en los versos 26 al 32 fue para salvar al carcelero y a toda su familia, en los versos

33-34 Su palabra declara: "todos los llamados de mi nombre; para gloria mía los he creado, los formé y los hice" Isaías 43:7 gloriosa palabra.

No fue encubierto de ti mi cuerpo, bien que en oculto fui formado, y entretejido en lo más profundo de la tierra. Mi embrión vieron tus ojos, y en tu libro estaban escritas todas aquellas cosas que fueron luego formadas, sin faltar una de ellas. Salmo 139:15- 16 Todo nuestro ser fue formado por Dios para ser testigos de su nombre.

La Biblia dice: "Mirad, bendecid a Jehová, vosotros todos los siervos de Jehová, los que en la casa de Jehová estáis por las noches... Desde Sion te bendiga Jehová, el cual hizo los cielos y la tierra." Salmo 134.

Uno de los últimos salmos registrados que escribió David fue este salmos 134 los cuales son llamados cánticos graduales. Aquí donde su pueblo cantaba la esperanza a medida que marchaban hacia el lugar de adoración donde celebraban la victoria. Comenzaba con el clamor de desesperación y se movían a través de quince etapas de progresión hacia el lugar más santo en la tierra.

En el tiempo del Antiguo Testamento sólo los levitas podían permanecer y ministrar continua- mente al Señor en el templo. Es aquí en esta etapa final donde escuchamos el llamado a la adoración continua Era un honor muy grande y era protegido rigurosamente. Podemos observar que cualquiera que presumiera de este honor era juzgado severamente por Dios. Estos adoradores no obtenían una herencia de tierra o de propiedad. Dios era su porción y su bendición. Todas las demás tribus daban diezmos para su manutención y Dios era celoso de que fueran cuidados con generosidad.

Claro está recalcar que era más que un honor y privilegio ser uno a quien se le permitía como adorador, permanecer día y noche en el templo ministrando al único Dios vivo.

Por su gracia todos hoy estamos llamados a ser sacerdotes de un nuevo pacto así nos identifica la palabra de Dios, nos abrió la puerta para que podamos ministrar día y noche continuamente al Señor y de hecho es un mandato. A través de Jesús se inició el camino hacia un nuevo orden sacerdotal a lo cual todo el pueblo tiene el derecho legal de acercarse a Él y continuamente adorarle, ¡qué gran privilegio! Hebreos 12:28-29 El velo fue rasgado por Jesús, aquel velo que nos separaba de Dios el cual dividía por secciones el templo y que por su sacrificio hoy en día, nos da acceso al lugar santísimo que es Su misma presencia. Ya no es necesario un sacrificio físico, el sacrificio único y eterno ha sido acepto en el amado, si deseamos resumir lo que nuestro Padre recibe y le agrada como adoración podríamos describirlo en: amor, gratitud y servicio a Su pueblo y a los que Él redimió en la cruz. Pues la adoración de corazón que El recibe no está solamente enmarcada en música, canciones o talentos humanos, sino que nuestra vida misma en el mejor acto de Adoración que podemos ofrecer. Por eso mismo es bueno repasar nuestras más íntimas intenciones y saber si nuestra agenda agrada a Dios en toda acción, pues no podemos permitirnos como adoradores, desviarnos del plano original de Dios.

Nuestro Dios no está limitado a una región o nación o una persona, Él es Dios y recibe la Adoración de un humilde hombre como la de una nación entera, para Él no hay variación ni distinción, hoy es el día que tú y yo podemos acercarnos con un corazón rendido sin importar el pasado pues Él mira tú presente y tu futuro está marcado por una eternidad si a Él decides agradar.

No hay honor más alto en el universo que ser llamado hijo de Dios y más aún ser un adorador que pueda entrar libremente a Su Presencia no tiene comparación, pues no hay nada más que se pueda necesitar.

"El estar cercanos al corazón de Dios es fundamental, pues es la columna central de un adorador"

LUIGI CASTRO

Capítulo 10

Cercanos Al Corazón De Dios

L a Biblia relata el caso de dos hombres llamados por Dios en el libro de Samuel: Saúl y David. Ambos fueron reyes y tuvieron un llamado poderoso, la diferencia fue que Saúl prefirió hacerlo al final a su manera y David a la manera de Dios.

Con el pasar de los años podemos caer en el profesionalismo y la dependencia de un talento, mas no de una relación con Dios. Es fácil separarse del primer amor y continuar nuestro diario vivir alejados de la palabra y de la oración directa con Dios. Saúl fue uno de esos casos, al punto de querer matar inclusive por envidia a David. El rey exclamó en el Salmo 41:4-5,

"Mis enemigos desean mi mal, y hasta dicen: "¡Ya quisiéramos verlo muerto, para que todos lo olviden!"

Cuando nos alejamos de mirar la gracia y la cruz de Cristo nos volvemos envidiosos y arrogantes, pensamos que somos los únicos en el mundo y la vanagloria nos domina.

David fue un hombre sencillo que siguió los preceptos de Dios y simplemente cautivó su corazón. Recordemos que sus hermanos lo habían rechazado y su familia misma lo hizo a un lado, fue enviado a la montaña a cuidar de las ovejas y mientras todos esperaban para ser reyes, David ministraba a Dios, aparentemente en el anonimato olvidado por todos, es ahí cuando Dios lo manda a llamar. Es impresionante que en David no había deseo de ser el primero ni famoso ni conocido, simple y poderosamente quería conocer de Dios.

Los ministerios de hoy en día debemos aprender de esta lección y comenzar a trazar nuestro propio camino en Dios, en un anhelo desesperado por Su Presencia y no por el llamado y las posiciones.

Entendamos algo, el rey David estaba apasionado por la Presencia de Dios. David anhelaba ver la gloria de Dios, no se conformaba con un plano humano, sino con experiencias espirituales, gloriosas (poder y gloria). "Porque mejor es tu misericordia". David logró recibir la revelación que lo mejor que un ser humano puede tener en su vida es la misericordia de Dios e inquirir en Su Presencia.

David meditaba en Dios, en su cama. Por las noches su mente era transformada a través de la palabra y la presencia de Dios, es por eso que su alma logró apegarse a Dios y no soltarse.

"Un abismo llama a otro a la voz de tus cascadas todas tus ondas y tus olas han pasado sobre mí."

Salmo 42: 7

Somos llamados por Dios a la comunión personal y fuimos creados para tener relación constantemente con el Padre. Éste fue el éxito en la vida de David, fue un hombre lleno de la presencia de Dios. De hecho, los años de su reinado fueron llamados años de oro para la nación. Su éxito era evidente porque la Presencia de Dios lo hizo influyente.

La diferencia en este hombre fue sus prioridades: existía una cercanía, una relación con Dios de amistad. Ahora, imagínate que existe este deseo de parte de Dios hacia nosotros:

"¿O pensáis que la Escritura dice en vano: El Espíritu que él ha hecho morar en nosotros nos anhela celosamente?" Santiago 4:5

¿Qué tanto puede ser nuestro crecimiento por la experiencia como por el depender de una relación con Dios? Inclusive podemos tener una relación con Dios y aun así estar lejos de su corazón. Se necesita humillación delante de Dios en todas las áreas para que podamos ser conocidos por Dios.

También veamos el caso de Sansón en el libro de Jueces, donde podemos ver algo que sucedió en su

143

vida que fue motivo de separación de la Presencia de Dios.

Sansón contaba con talento y respaldo de Dios, tenía fuerza y en algún momento se descuidó en proteger su secreto y se dejó llevar por los momentos de fama y reconocimiento que le ofrecía una mujer. Sansón llegó a confiar en sus fuerzas humanas, las cuales realmente provenían de Dios, y sus talentos le fallaron. En ese momento él declaró: "escaparé como las otras veces". Lo que Sansón no sabía era que Jehová se había apartado de él. Qué triste es que la Presencia de Dios se aparte y no nos demos cuenta, seguiremos fluyendo en dones y en talentos, pero no en Dios. Él desea nuestro acercamiento. Cuando Sansón fue atrapado por los filisteos para esclavizarlo, en ese momento clamó al Señor otra vez y pidió su ayuda.

Cuando venimos a Él en arrepentimiento genuino, Dios se vuelve a nosotros en amor, y dice la Biblia que vinieron nuevas fuerzas a Sansón y mató a más filisteos que en toda su vida pasada. Es poderoso leer esta historia y saber que la misericordia de Dios viene más fuerte sobre nosotros cuando clamamos a Él genuinamente.

Su palabra, en otro caso de un hombre que fue cercano al corazón de Dios, declara:

"Y él les dijo: Oíd ahora mis palabras. Cuando haya entre vosotros profeta de Jehová, le apareceré en visión, en sueños hablaré con él. No así a mi siervo Moisés, que es fiel en toda mi casa. Cara a cara hablaré con él, y claramente, y no por figuras; y verá la apariencia de Jehová. ¿Por qué, pues, no tuvisteis temor de hablar contra mi siervo Moisés? Entonces la ira de Jehová se encendió contra ellos; y se fue". Números 12:6-8

El estar cercanos al corazón de Dios es fundamental pues es la columna central de un adorador, la palabra original es "comunión" que quiere decir muy íntimo o conocido, y es lo que el Padre busca ,no lideres no pastores sino adoradores cercanos o íntimos a su corazón.

Muchos líderes en la biblia se separaron de tener comunión con Dios y arriesgaron su llamado y posición por eso, un caso como mencionamos es el de Sansón la palabra nos dice que la presencia de Dios se había apartado de él y Sansón no se había dado cuenta, en otras palabras es fácil no darse cuenta de que Su presencia por alguna razón, se ha aparatado de nosotros y seguimos ministrando por experiencia y profesionalismo mas no con su presencia.

Es vital y necesario que podamos instruir a nuestros equipos de alabanza y pueblo de Dios en general sobre este principio, no podemos dar lo que no tenemos, no podremos llevar a alguien más allá de lo que nosotros hayamos llegado primero.

Unos de los errores más comunes en que podemos caer como adoradores son en depender de experiencias pasadas y no de lo que vivimos hoy en Dios, la que paso fue bueno pero lo que Dios dice hoy a tu vida es importante y fresco. ¿Qué es lo que El desea comunicar a su pueblo hoy en día? Para eso están los adoradores aquellos que viven en comunión y pueden oír la voz de Dios y traerla al pueblo, a esto le llamo un nivel profético en la música, cuando pasamos de ser solo músicos a tener algo que decir departe de Dios al mundo, y que glorioso hacerlo a través de la música un idioma universal.

Cuando nos convertimos en profetas de Dios en la música comienza otro nivel en nuestras vidas como adoradores, el cual se logra cuando somos cercanos y conocidos por el Padre. Recuerda que cuando hablo de adoradores no solo me refiero a los que están en un pulpito, altar o lugar público. No es suficiente quedarnos en los atrios es necesario estar en el lugar santísimo ahí será la manifestación de los hijos de Dios en obediencia a su palabra que podremos ser instrumentos de honra en medio de una sociedad necesitada de Dios.

Hay varios aspectos importantes en un hijo de Dios que lo hace ser amigos o cercano al corazón del Padre

1) Búsqueda incesante en oración: La búsqueda que se hace no por lo que obtenemos sino porque le amamos y lo necesitamos diariamente. es muchos casos se busca a Dios porque nos toca ministrar o porque estamos en medio de un problema, pero esto vas más allá de eso, se trata de hacerlo por comunión.

2) Deseo de conocer su palabra: La búsqueda correcta se logra a través de su palabra, en ella encontramos las riquezas para nuestra vida, al igual que un deseo por el ministerio o servicio debe existir una búsqueda de su palabra ahí está Dios.

3) Servir a los demás en honestidad. Este aspecto es muy importante la envidia aleja a Dios, el ayudar a los demás y estimarlos como superiores a nosotros mismos nos da un grado más alto que cualquier plataforma del mundo.

Para esto el arrepentimiento juega un factor primordial cuando reconocemos que nos hemos alejado de Dios, lo que debemos hacer inmediatamente es arrepentirnos y volver al corazón del Padre en humildad, nunca dejar que nuestro corazón se enfrié o se desvié en vanas posiciones de un liderazgo o reconocimiento humano, pues esto es pasajero.

Un adorador debe ser insistente en mantener una relación con Dios y evitar a toda costa sentirse inaccesible o inalcanzable a los demás, Jesús mismo

147

se acercaba a la gente y ellos a Jesús, cuando perdemos la humildad nos alejamos de los demás y por ende de Dios.

Un caso que me impresiona en la Biblia es el de Abraham como se hizo amigo de Dios, que impresionante pues es una línea muy delgada pensar que somos amigos de Dios porque conocemos los métodos de Adoración o como ministrar y hasta tocar bien un instrumento, pero es mucho más que eso, inclusive nuestro talento se puede convertir en un obstáculo para ser amigos de Dios.

Cuando Dios le dijo a Abraham deja tu tierra y tu parentela y ve a la tierra que yo te mostraré Abraham no sabía para donde iba pero su obediencia y renuncia a lo que tenía atrajo su bendición, hay muchos de nosotros que debemos abandonar lo que nos tiene relegados, atrasados o hasta estancados, tal vez hay cosas que no hemos podido dejar o entregar y hoy es el momento para hacerlo, que pasa si Abraham no hubiese creído a esas promesas? Nunca podría haber alcanzar el nivel de amigo de Dios, es necesario en nuestras vidas que exista una renuncia total a lo que Él nos pide para logar entrar en amistad profunda con el Padre.

Abraham alcanzó estas promesas porque aun en los momentos de prueba manifestó su amor y confianza en Dios, al ser conocidos por Dios podemos tener la mayor certeza de que si Él lo dice Él lo cumplirá, no hay nada en nuestras vidas que no se cumpla aun en contra de todo aquello que nos puedan decir las circunstancias, porque si Él lo dijo Él lo cumplirá.

Varios factores que puedo ver en la vida de Abraham que le dieron el título de amigo de Dios

1) Se mantuvo firme en su convicción, no declinó ante la duda y la incertidumbre
2) Fue fiel hasta las últimas consecuencias con Dios, no dejo de cultivar su amistad con Dios
3) Creyó y avanzó, en fe al propósito de Dios en su vida. Sin fe es imposible agradar a Dios, cuando nos acercamos a Él debemos hacerlo en fe.
4) Fue obediente a la voz del Padre, nunca dejó a un lado sus preceptos y sus palabras.

Una de las cosas que hemos aprendido a lo largo del tiempo es entender que nuestras alianzas también serán importantes para determinar el camino al cual Dios desea llevarnos.

Con quien nos estamos rodeando y de que estamos conversando es importante para lograr una amistad con Dios cuando permites como adorador que otros te alejen de mantener una relación con Dios es peligroso, sin importar quien está a tu lado o quien no está a tu lado debemos tener un corazón rendido ante Dios, pues El desea ser tu amigo y nunca estarás solo(a). Me puedo imaginar Abraham rodeado de circunstancias difíciles cuando al probar su corazón Dios le pide a su hijo amado, nuestro carácter será probado, nuestros ministerios pasados por el fuego y lo único que nos sostendrá será una relación firme y permanente con el Padre. Es importante en esos momentos estar rodeado de gente que pueda correr nuestras metas y llevarnos a un nivel más alto cada día en la búsqueda de Dios. Qué bueno es procurar en familia lograr juntos tener una amistad con Dios, eso nos llevará a otro nivel de acercamiento al Padre, Él desea que las familias de la tierra se acerquen a Él.

¿Cómo podremos lograr tener una amistad efectiva y permanente con Dios?

Unos de los puntos más importantes de hacer notar querido lector es que no necesitamos un lugar específico donde orar o donde encontrarnos con Dios, en todo tiempo en todo lugar podemos tener un encuentro con Dios pero si es necesario también retirarnos donde nadie nos ve y lograr un tiempo intimo estando cara a cara con El Padre, un lugar donde nadie nos interrumpa y donde podamos hablar con libertad con Dios.

Esto debemos convertirlo en un hábito por decirlo así ya que en el medio del diario vivir con agendas apretadas y por el paso del tiempo, esto se puede ir perdiendo lo cual como decíamos, puede ser muy peligroso, lo más lindo es que Quien más nos desea es el Espíritu Santo, su palabra dice que Él nos anhela celosamente, Él mismo desea tener comunión con nosotros, que gran bendición que hoy podamos volver a ese punto de encuentro donde todo comienza y donde todo termina.

Dios nunca se olvidara de aquellos que han pagado un precio en renunciar a lo que el mundo ofrece por amistad con El .Dios nunca dejara huérfanos o en soledad a los que le buscan

Cuando tú y yo descubramos que el Espíritu Santo nos desea la soledad será imposible.

Hoy es el día de los amigos de Dios, no solo aquellos que están en pulpito sino los que en secreto le buscan

El rey David descubrió esto, él lo expreso así en los Salmos: De madrugada te buscaré mi alma tiene sed de del Dios vivo...aun mi carne te anhela"

Impresionante David descubrió que el mayor tesoro en el ministerio no es la fama ni los aplausos, sino que la mayor fama y el mejor aplauso vienen departe de Dios del cielo en la intimidad con Él.

Creo y estoy convencido de que es el tiempo de los desconocidos de Dios, aquellos que están en el anonimato y que su deleite día y noche es estar a Sus pies. No hay otro lugar más glorioso que podamos descubrir en toda la tierra, descúbrelo tu hoy ahí donde estas.

Capítulo 11

El Secreto De Los Secretos Con Dios

La Palabra de Dios dice: Mas tú, cuando ores, entra en tu aposento, y cerrada la puerta, ora a tu Padre que está en secreto; y tu Padre que ve en lo secreto te recompensará en público" Mateo 6: 6

¿Cuál es el secreto que muchos buscan de Dios? Solo existe un lugar que podremos descubrir y que ninguna religión lo da y es aquel lugar en donde nos encontramos con Él a solas y en donde está lo reservado para los que le buscan, ahí será revelado.

Un lugar de intimidad y de amor para estar con Él. La palabra dice en Mateo: "ve a tu cuarto y tu Padre que ve en lo secreto te recompensará en público".

¿Cuál es la motivación que nos mueve en el ministerio hoy en día? A muchos es la música en sí misma, ejercer un don y eso es bueno, pero no es el fin. El fin es conocerle a Él y luego las almas. Es necesario volver a este principio, no podemos llegar más allá de lo que nuestra sed nos lo permita, por eso es que necesitamos recorrer mayor distancia y avanzar en aguas más profundas. Es imperante que esa generación de adoradores esté apasionada por Su Presencia.

El lugar que nos hace cambiar y que nos conviene, nos lleva al nivel que debemos estar y nos fortalece en medio de las pruebas es Su Presencia, donde todos podemos cambiar si tan solo tomamos la decisión de buscarle intensamente. ¿Cuánto hemos descuidado este lugar en nuestros corazones? Hay varios elementos que impiden que vivamos en lo secreto de Dios, entre ellos:

La rutina. Ésta nos hace vivir sin expectativa en Dios, nos roba el deleite de gozarnos en su presencia con satisfacción.

Existen varios niveles, debemos escalonar en nuestra vida cristiana y lo podemos comparar a lo que sucedía en el tabernáculo cuando el sacerdote podía entrar una sola vez al año sin compañía humana. Solo él podía recorrer varios puntos: primero, debía pasar de estar afuera a entrar por la puerta (la puerta es Jesús); segundo, pasaba por el altar de sacrificio donde ponía su ofrenda para limpiar sus pecados y los del pueblo (es un lugar de muerte); tercero, por el lavacro, un lugar de santificación y limpieza, se reflejaba en el agua quién era él, (la Palabra es un espejo, ahí nos podemos reflejar, mirar nuestra condición delante de Dios y lo que debemos hacer para acercarnos a Él);

cuarto, entrar en el lugar del propiciatorio, donde debe arder en nosotros el deseo de mantener esa llama encendida siempre, el lugar santo. Pero hay uno más profundo y es el lugar santísimo, donde experimentamos lo real de su presencia. Ahí está el arca donde Él habitaba, el lugar secreto y el cual ahora está abierto para todos nosotros sin acepción. Es el nivel que todo creyente debe experimentar y anhelar.

Muchos dirán: "Señor, Señor, en tu nombre echamos fuera demonios y en tu nombre hicimos esto y lo otro, pero el Señor les dirá: no los conozco, apartaos de mí hacedores de maldad."

No podremos decir que somos adoradores, si no lo vivimos, es necesario vivir ese lugar de intimidad para saber a quién estamos adorando. Ahí es donde Dios desea que como hijos suyos, y más como ministros de la adoración, logremos vivir y estar.

Miremos el caso de David la experiencia para él no fue distinta. Lo vemos por lapso de tiempo en descontrol y huyendo de Saúl con falta de fe y hasta porque no confundido. Esa confianza en el Dios de los ejércitos, esa misma confianza y valor que le había dado la victoria frente al gigante Goliat, ya no lo afirmaba, ahora vivía en un tiempo de temores y aflicciones que lo llevaban por una desesperada huida para finalmente llegar derrotado a una cueva que lo acoge y lo restaura

En la conocida cueva de Adulam, donde no solo llega uno en aflicción sino unos cuantos que pasaban por la misma situación la Biblia dice que eran muchos afligidos, endeudados y amargados; menesterosos de ser escuchados, comprendidos y restaurados. Un grupo de hombres como hoy en día sin rumbo y sin destino, pero que tan necesario e importante es encontrarnos en la cueva de Adulam ahí es donde David escribe el entrañable salmo 57, que se da cuenta de su necesidad por los cual exclama:

"Ten misericordia de mí, Oh Dios, ten misericordia de mí; Porque en ti ha confiado mi alma, y en la sombra de tus alas me ampararé hasta que pasen los quebrantos"

Solo ahí David, al igual que Elías, experimenta el estar "a solas con Dios".

Otra persona fue el caso de Jonás.

El profeta Jonás trata de huir de Dios y de su presencia intentando desobedecer la voz soberana de Dios el cual lo llamaba, comienza un camino con un rumbo diferente al que el Señor le había indicado. Es ahí después de que Dios levanta una gran tempestad permitiendo azotar a la nave en la cual iba Jonás, los hombres que con él iban deciden echarlo al mar. Y es donde aparece el cuadro preparado por Dios un panorama aparentemente difícil pero que sería el prefecto para estar "a solas con Dios". El relato es inspirador. En un gran pez que había sido preparado por Dios para establecer el encuentro tan anhelado por Él y tan necesario para Jonás.

La más apasionada y entrañable oración de Jonás fue realizada desde el vientre de un gran pez que más tarde Dios mandó a que lo vomitase en tierra. En ese lugar es ahí donde el profeta Jonás se derrama delante de Dios y desde allí Dios extiende su infinita bondad y gracia sobre él.

En este caso Jonás a diferencia de Elías y David, se reúne "a solas con Dios" no en una cueva, sino que en un lugar menos apropiado e ilógico para nuestra mente humana, no obstante necesario para los planes soberanos y eternos del Señor.

Constantemente Dios buscará estar a solas con nosotros. No somos nosotros los que buscamos anhelantemente estar "a solas con Dios", sino que Él nos anhela celosamente e intervendrá tarde o temprano en nuestra vida para poder establecer el encuentro.

Recordemos las palabras del Señor Jesucristo cuando decía:

"... tu Padre que está en secreto; y tu Padre que ve en lo secreto..." Mateo 6:6

Nuestro Dios no solo está en lo secreto sino que mira en lo secreto es omnipresente y omnisciente.

El conoce hasta el número de nuestros cabellos, los más íntimos pensamientos y discierne las intenciones del corazón, podemos escapar de los hombres mas no de Dios, aun cuando en nuestras vidas lo honremos y por alguna razón lo deshonremos Él nos mira con amor. Hay buenas noticias es un Dios restaurador.

Algunos se quedaron en el proceso de Dios en sus vidas en la etapa de la crítica no avanzaron y vieron como otros lo hacían en su relación con Dios pero simplemente se quedaron mirando los errores de los demás, más el deseo de Dios es que avances también a tu propósito eterno, sin importar lo que haya sucedido.

La naturaleza de pecado con la que fuimos concebidos trata de alejarnos de la presencia de Dios, nos hace huir de ella y escondernos como le sucedió a Adam ,mas sin embargo el salmista David nos dice que si es imposible huir del amor de Dios:

"¿A dónde me iré de tu Espíritu? ¿Y a dónde huiré de tu presencia?" Salmos 139: 7

Veamos los desacertados intentos por huir de Dios que quedan al manifiesto en las sagradas escrituras en el caso de Elías, David y Jonás los cuales "intentaron" escapar de Dios y de salvar su vida. Cada uno de nosotros como creyentes tendremos tarde o temprano, de una u otra manera, esta misma experiencia. No obstante, el final de esta fallida huida tendrá su único fin: encontrarse cara a cara con Dios. Él nos tiene en su mano de la cual nadie ni nada nos podrá separar. Si tu condición actual querido lector es de una constante huida al llamado de Dios, a las responsabilidades en la iglesia, de tu familia o trabajo, recuerda que si usted es un legítimo adorador hijo de Dios, que le busca constantemente Él Señor intervendrá tal como lo hizo con Elías, David y Jonás, tal vez de la manera menos esperada, a fin de que suceda un necesario y esperado reencuentro con Él cara a cara, pues Él desea ser tu amigo, este es el secreto de los secretos de Dios para aquellos que le buscan.

*"Todo lo que se exprese en adoración
debe ser dirigido en honra y gloria al
Señor toda atención se centra en Él"*

Capítulo 12

Jesús Fuente De Adoración

Primero que todo la adoración transformará nuestra vida y luego la de los demás. Volvamos a ver en la Biblia el encuentro impresionante entre Jesús y la mujer samaritana, de cuyo desenlace obtenemos una de las declaraciones fundamentales acerca de la adoración: Cristo le declaró a esta mujer:

"Más la hora viene, y ahora es, cuando los verdaderos adoradores adorarán al Padre en espíritu y en verdad; porque también el Padre tales adoradores busca que le adoren". Juan 4:23

Esta impresionante declaración coloca al ser humano en una posición privilegiada ante Dios.

¡Qué honor saber que nuestro Padre celestial nos busca para que le adoremos! Y a la vez, coloca a la adoración como un medio poderoso para provocar encuentros que transforman vidas, familias y aun comunidades.

Veamos este relato en la Palabra de Dios donde Jesús iba de Judea a Galilea, pero dice la Palabra que le era necesario pasar por Samaria. Esto era para los que acompañaban a Jesús, algo totalmente inusual: vemos a los judíos en esos tiempos evitar a toda costa, pasar cerca de Samaria. Los judíos juzgaban a los samaritanos de mezclar en pecado su cultura, por eso ellos se volvieron abominables ante sus ojos. Es ahí que cuando iban de Judea a Galilea preferían dar la vuelta, bordeando el Jordán antes de pasar a Samaria, porque los judíos con los samaritanos no trataban. Que glorioso pues a raíz de esto todo cambiaria. Dios busca al ser humano, y en Dios no hay casualidades pues al encontrarse con esta mujer recibiríamos una lección no solo de humildad y adoración sino también de unidad la cual perduraría por todo los tiempos.

Podemos ver el caso de esta mujer de la siguiente manera, en el contexto judío las mujeres salían a buscar agua al pozo en las mañanas y en la tardes nunca al medio día, era de extrañar que ella saliera al medio día donde el sol era fuerte y radiante lo que hace suponer que tenía vergüenza y no deseaba que nadie le hablara o se le acercara, muy posiblemente por su condición que ella misma sabia no era del todo buena, pero es aquí donde vemos el amor incondicional de Jesús que sabiendo esta situación se le acerca y la invita a ser una adoradora en espíritu y en verdad.

Sin importar su condición actual, esta mujer recibió la invitación así como tú y yo la recibimos hoy de beber de esa agua con la cual nunca más tendremos sed por nada ni por nadie sino solo por Él mismo. Así como recordaras el día que le conociste en ese lugar y tiempo exacto no como casualidad sino como propósito divino EL mismo como fuente planeo acercarse a ti y presentarte un plano material físico o familiar de tu necesidad para luego decirte que lo que realmente necesitas es beber de Él.

En ese instante exacto es donde Jesús inicia una conversación poderosa con esta mujer para lograr llevarla a un convencimiento de su necesidad espiritual presentándole primero en un plano natural una necesidad física, por eso empieza diciéndole "dame de beber". Es impresionante ver esto ya que Jesús no necesitaba beber del agua que ella tenía pues Él es la fuente sino que se presenta como alguien que tiene sed física para ensenarle la sed espiritual. En este momento crucial Jesús se presenta como el agua que ella necesitaba y en otras palabras le dijo: deseo darte del agua de vida eterna que está en mí, que impresionante ver esta revelación que cambiaría todo nuestra perspectiva de la adoración una revelación del Reino de Dios.

Para eso primero debemos saber quién es Dios y descubriremos quien es Él que nos pide agua. Al experimentar esa fuente nuestra vida no puede ser igual todo cambia pues donde esta Jesús todo debe cambiar. Probablemente solo hemos tenido un conocimiento de Jesús como un Dios lejano y teórico mas no hemos descubierto su gracia y salvación como fuente de amor, fuimos salvos si, mas no debemos quedarnos solamente en la redención, la salvación es la obra inexplicable del amor inmerecido que nos libró del pecado, que nos salvó, que nos convirtió en hijos de Dios, pero también es el regalo de Dios que nos transformó en hijos herederos del Reino de Dios, al cual tenemos total acceso con todas las promesas que conlleva, a las riquezas de gloria del Reino las cuales debemos conocer como un don que Dios ofrece a sus hijos y que está al alcance de tu mano hoy. Tú debes decirle a Dios que te dé de beber de esa agua, que tú reconoces el don que está en Él y que estás dispuesto para tomar de esa agua que te va a transformar la vida. Lo único que debemos anhelar es que se nos sea revelado el corazón del Dios al que amas. El corazón del Padre palpita por tener comunión con nosotros.

Para esto es necesario tener sed no podremos saborear de esta agua sino tenemos deseos y anhelos de tomar de esta fuente, no debemos permitir la costumbre de ir al pozo sin tener sed por beber del agua. Su presencia se manifestara sobre aquellos que tiene hambre y sed por Él. Los escribas y fariseos no quisieron el agua la rechazaron más sin embargo esta mujer comenzó a decirle: Señor dame de beber, y fue lo que provoco la diferencia. Hoy es el día para que nuestro nivel de desesperación y hambre por Él suba al máximo, pues más que nunca se desatará un mover glorioso sobre aquellos que verdaderamente lo anhelen conocer.

La mujer en el pozo inicia una conversación acerca de adoración Juan 4:19-20: "Le dijo la mujer: Señor, me parece que tú eres profeta. Nuestros padres adoraron en este monte, y vosotros decís que en Jerusalén es el lugar donde se debe adorar".

Esta mujer trata de explicarle a Jesús de una manera sencilla como se debía adorar y esto es similar a lo que sucede hoy en día cuando en nuestras iglesias tratamos de competir por quien es mejor o cual iglesia adora mejor, entonces Jesús continua diciéndole: "créeme mujer, no es el tiempo, no es el lugar. Es un nuevo nivel de adoración. Lo que el Padre está buscando no se satisface por simples rituales, no se satisface sólo porque se levanten las manos. La hora viene y ahora es, cuando los verdaderos adoradores adorarán al Padre en espíritu y en verdad".

En este caso la mujer vivía una rutina la religiosidad la tenía atrapada en un vacío de su vida. Lo cual desembocaba en soledad y aislamiento. Por eso es tan necesario tener un corazón entregado a El aun en medio de las tristezas o dificultades en la vida puedes estar de pie enfrentando la crisis, postrado y rendido en adoración solamente así estarás de pie delante de toda adversidad. Es necesario que los verdaderos adoradores se acerquen en adoración genuina al Padre, porque es a través de ellos que manifestara Su presencia y su gloria a la tierra.

Jesús mismo está diciendo: "dame de beber", El Señor mismo está creando en nosotros una necesidad de responder a su amor, seria a la inversa: Señor dame tú de beber. Yo soy quien necesita de tu agua fresca, es ahí que al convertirnos en verdaderos adoradores ya no deseamos hacer nuestra voluntad sino lo que Él desea que hagamos, nuestros deseos son en Él y para Él hacemos las cosas, no porque te lo mandan, sino porque estás apasionado por Él y Único que deseamos es vivir y agradarlo a Él.

Y como consecuencia obedeceremos por amor en respuesta a un acto de entrega y sujeción a Dios.

La verdadera adoración nos hace amar la obediencia a Dios, y reflejaremos estos frutos a todo aquel que nos rodea, pues el deseo de su voluntad estará por encima de nuestros propios deseos.

Ahora mismo si estás viviendo luchas y pruebas te animo a que te rindas a Él pues el peleara tus batallas las más duras y difíciles de vencer en fuerzas humanas, al humillarnos en adoración veremos su gloria y su poder sobrenaturalmente.

Esta actitud de humildad en adoración nos hace rendirnos ante la fuente inagotable que es Jesús. El mismo le dice: "mujer yo soy el agua viva y aquel que beba de mi agua nunca más volverá a tener sed y se convertirá en una fuente". Cuando nos transformamos en verdaderos adoradores nos conectamos con esa fuente sin importar el tiempo malo o bueno que estemos viviendo, esa fuente de agua de vida, estará fluyendo dentro de ti siempre.

Y cuanto más deseamos, busquemos y anhelemos esa fuente nuestra vida se convertirá en un canal donde esa agua fluirá constantemente. Es ahí donde al tener un verdadero encuentro con Dios estaremos dispuestos a soltar ese cántaro y dejarlo al lado de la fuente. La Biblia dice que después de conversar con Jesús, esta mujer dejó su cántaro. EL cántaro puede ser que represente un pecado, pero también puede ser esa carga que llevas por mucho tiempo y no has podido soltar. En otro sentido "No es suficiente la teoría de quien es Dios, sino que hace falta tener una experiencia para conocer a Dios"

Cuando tú tienes un verdadero encuentro con esa fuente de agua de vida, tu mente y tu corazón se acomodan a sus propósitos y haces lo que Él te llamó a hacer: un testigo de su gloria.

En este pasaje Jesús confronta a esta mujer con sus pecados, y después de ser confrontada ella acepto su pecado, no solamente bebió de esa agua sino que inmediatamente el destino de Dios para ella se cumplió. Después de tener un encuentro con Jesús, subió a la aldea de Sicar un lugar de pecado, llena de hombres ebrios y cuando ella llega comienza a testificar del poder de Dios cautivándolos con lo que había sucedido. Esta mujer se convirtió en una predicadora. A través de ella se lograría el cambio de los samaritanos al tener un encuentro verdadero con Dios, Dios había determinado que esta mujer sería el instrumento

Este encuentro cambio para siempre el panorama de esta mujer la cual era pecadora ahora de repente se convierte en una gran evangelista tanto así que cuando llega a su aldea hasta los hombres se sombran al escucharla hablar y corren a ver a Jesús, eso mismo sucederá con nosotros al tener un encuentro verdadero con Jesús. La Biblia nos relata que todos aquellos hombres cuando escucharon hablar a Jesús creyeron aún más, en otras palabras ellos creyeron primero a las palabras de la mujer quien había tenido un cambio. El verdadero encuentro con esa fuente de agua de vida eterna te va unir y te va catapultar al destino profético de Dios para tu vida. Tal vez ahora mismo Muchos dones y llamados han estado dormidos en tu vida, pero Dios va a provocar en tu interior que te encuentres con tu destino profético. Fuimos diseñados, llamados, creados y marcados para hacer algo, para hacer historia, pero todo comenzará a suceder cuando comiences a vivir conectado a esa fuente de agua de vida eterna. Muchos a tu alrededor se comenzarán a sorprender, porque vas a comenzar a hablar con denuedo (valor), vas a comenzar a fluir en la presencia, en la unción del Padre, porque esa fuente de vida eterna estará Corriendo en ti. Entonces te encontrarás con el propósito por el cual fuiste creado.

Cuando mi esposa trabaja en la cocina (ella es chef) puedo ver que según sea nuestra alimentación así será nuestro vida ya que el cuerpo reacciona a lo que comemos, en otras palabras somos lo que comemos, si estamos deficientes de algunos nutrientes se hará notar en nuestra salud, así mismo es en la vida espiritual cuando flaqueamos necesitamos adorar más, comer más de Él quien es nuestra porción, Él es suficiente para saciar nuestra necesidad.

Cuando nosotros adoramos a Dios estamos siendo transformados a su imagen. Pues la adoración es una manera en la cual nosotros nos saciamos y alimentamos de Dios. En el Salmo 135:15-18 dice:

"Los ídolos de las gentes son plata y oro, obra de manos de hombres. Tienen boca, y no hablan; tienen ojos, y no ven; tienen orejas, y no oyen; tampoco hay espíritu en sus bocas. Como ellos son los que los hacen; todos los que en ellos confían."

Lo que nos hace ver que seremos semejantes a aquello que adoramos es por eso que si deseamos parecernos al Señor debemos adorar.

Con esta experiencia será transformado no solo usted mismo sino todo su entorno su casa su familia y luego la cuidad y las naciones, pues lo que sucede en tu vida y en tu familia ocurrirá en la iglesia y en la nación también, la verdadera adoración transforma todo ámbito y atmosfera.

En nuestra vida todo lo que se haga Todo lo que se exprese debe ser en un sentido de adoración al Padre. Romanos 12:1 dice, "Por eso, hermanos míos, ya que Dios es tan bueno con ustedes, les ruego que dediquen toda su vida a servirle y a hacer todo lo que a Él le agrada" En todo tiempo debemos adorar en la escuela, en el trabajo, en la casa, en cualquier diversión y aun en el servicio en la iglesia.

Todo lo que se exprese debe ser dirigido en honra y gloria al Señor toda atención se centra en EL. Nuestra adoración esta enlazada con el desprendimiento a otros, servicio.

Isaías en su encuentro final con Dios dijo: "Heme aquí. Envíame a mí." La adoración que nos desborda hace que surge en nosotros el deseo de servir y ayudar a otras personas.

El servicio está íntimamente ligado al deseo de adoración en nuestras vidas no estamos sirviendo tendremos un problema de adoración Este es el tercer elemento de la oración del Evangelio dice:

"Como Tú has sido para mí, yo seré para otros". Jesús dijo en Marcos 10:45: "Porque el Hijo del Hombre no vino para ser servido, sino para servir, y para dar su vida en rescate por muchos." Jesús vino para servirnos a nosotros, y en esa respuesta nosotros debemos servir a otros. Debemos mostrarles las mismas actitudes a otros que hemos recibido de Cristo.

La adoración que accionamos tenga un gran impacto sobre el no creyente Pablo nos dice en 1 Corintios 14:24- 25: "si uno que no cree o uno que no entiende entra cuando todos están profetizando (compartiendo la palabra), se sentirá reprendido y juzgado por todos, y los secretos de su corazón quedarán al descubierto. Así que se postrará ante Dios y lo adorará, exclamando: ¡Realmente Dios está entre ustedes!"

Debe ser una espera constante en que nuestra adoración contenga la palabra viva y ahí mismo la salvación llegue al no creyente que estando sin participar de la reunión sea tocado y sea salvo por la ministración. La verdadera adoración en unidad es poderosa delante del Padre, debemos esperar grandes cosas al reunirnos y adorador con un corazón agradecido y honesto delante de Él.

Recuerde amado lector, fuimos perdonados para adorar y somos restaurados para restaurar, no te detengas Dios está contigo, que ningún pasado te detenga en tu futuro y que nadie ni nada te desanime en lograr desarrollar este nivel de adoración y evangelización en tu vida.

Fuiste lavado con la sangre de Cristo y si te has arrepentido de verdad no hay condenación para los que están en Cristo Jesús, levántate y haz la obra que Dios te encomendó hacer. Levántate, es el tiempo de hacer brillar el nombre de Jesús con tu adoración. Él quiere llenar tu fuente con su agua limpia, su agua no se agota. Él saciará tu sed y te dará frescura en tu llamado. Eres un adorador, no te detengas. Solo declara hoy "ANHELO CONOCERTE."

"La mayor expresión de mi adoración a Dios es la obediencia a Su Palabra"

Sobre el autor

Luigi Castro nació en San José, Costa Rica, el 14 de Julio. A los 8 años comenzó a cantar en la iglesia local que fundó su madre pasando luego a formar parte del grupo musical de la misma junto a sus hermanos y primos. Con el paso del tiempo su inquietud por la música fue creciendo, hecho que lo impulsó a tomar clases de percusión, desempeñándose como baterista durante varios años. Este trabajo le permitió tomar clases de piano y canto en el Conservatorio de Música de la Universidad Nacional de Costa Rica.

Luigi nació en el seno de una familia dedicada a servir al Señor y prácticamente se crió en una iglesia, sin embargo, fue a través de su relación personal con Dios que decidió seguir su propio llamado sirviendo como director de alabanza en diversas iglesias y eventos especiales. A los 17 años pasó a formar parte de diferentes agrupaciones de alabanza y adoración que lo impulsaron internacionalmente y sentir el llamado a las naciones. Tras participar como corista, pianista, baterista y director de alabanza, el Señor le abre las puertas para grabar sus propias producciones con el conocido pastor y evangelista Claudio Freidzon, tales como: "Sopla en mí", "Corre la Gracia" y "Sana Nuestra Nación". Dichas producciones han sido de gran bendición para miles de personas y han cumplido con el objetivo de propagar el mensaje de salvación y de avivamiento a través del mundo.

Además de su ministerio musical, Luigi es director de P&W Ministries y de Luigi Castro Comunicaciones, donde instruye a otros músicos a surgir a través de seminarios de alabanza y adoración, así como a dar ánimo y restauración en sus ministraciones, poniendo al servicio del pueblo sus años como salmista y profeta de Dios a través de su predicación y sus canciones, e impartiendo el lema de superación y excelencia. En el año 2007, contrae matrimonio con Michele Charry, una mujer de Dios hija de padres misioneros de origen panameño, quien desde pequeña ha estado envuelta en el ministerio de las misiones y quien le ha dado el apoyo y la estabilidad para ensanchar su ministerio. Para gloria de Dios, a través de sus producciones musicales, ministraciones y prédicas, Luigi ha podido contribuir al avivamiento y al despertar de la alabanza y adoración en muchas naciones En sus 25 años de ministerio, luego de haber recorrido los lugares más remotos al servicio del Evangelio,

Encuentra nuestra más reciente música de adoración

www.luigicastro.com

Para contactar a Luigi Castro

Si desea conocer más detalles sobre Luigi Castro y su Ministerio, así como para llevar estos poderosos seminarios de alabanza y adoración profética y de enseñanza a su iglesia local, pueden contactarlo en los siguientes medios:

Web: www.luigicastro.com

Facebook: luigi castroministries

E-mail: comunicaciones@luigicastro.com

Made in the USA
Columbia, SC
25 May 2017